张双全　范林杰　徐春　主编

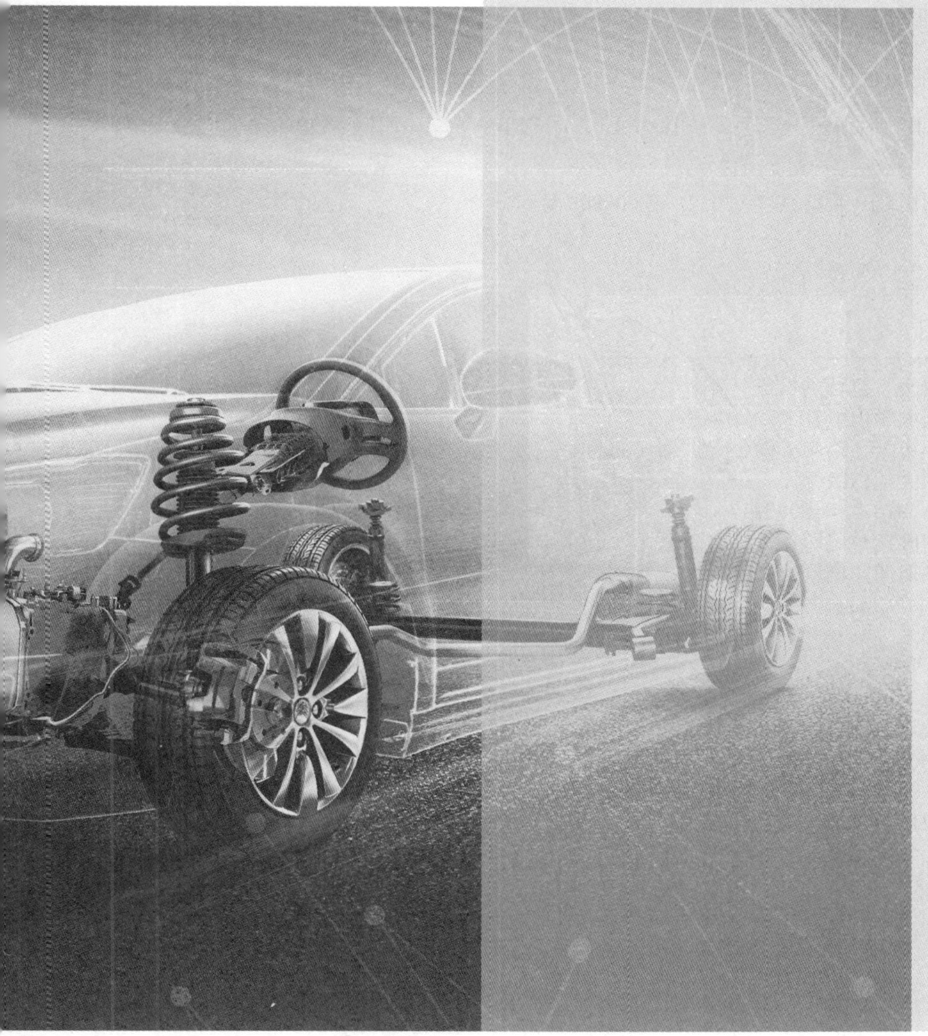

汽车维护

四川大学出版社

项目策划：王　睿
责任编辑：王　睿
责任校对：胡晓燕
封面设计：璞信文化
责任印制：王　炜

图书在版编目（CIP）数据

汽车维护 / 张双全，范林杰，徐春主编 . — 成都：四川大学出版社，2021.12
ISBN 978-7-5690-5347-0

Ⅰ . ①汽… Ⅱ . ①张… ②范… ③徐… Ⅲ . ①汽车－车辆修理 Ⅳ . ① U472

中国版本图书馆 CIP 数据核字（2022）第 006888 号

书　名	汽车维护
主　编	张双全　范林杰　徐　春
出　版	四川大学出版社
地　址	成都市一环路南一段 24 号（610065）
发　行	四川大学出版社
书　号	ISBN 978-7-5690-5347-0
印前制作	四川胜翔数码印务设计有限公司
印　刷	郫县犀浦印刷厂
成品尺寸	185mm×260mm
印　张	9.75
字　数	234 千字
版　次	2022 年 1 月第 1 版
印　次	2022 年 6 月第 2 次印刷
定　价	39.80 元

◆版权所有　◆侵权必究

◆ 读者邮购本书，请与本社发行科联系。
　电话：(028)85408408/(028)85401670/
　(028)86408023　邮政编码：610065
◆ 本社图书如有印装质量问题，请寄回出版社调换。
◆ 网址：http://press.scu.edu.cn

四川大学出版社
微信公众号

前　言

2021年4月，全国职业教育大会在北京召开。会议前夕，习近平总书记对职业教育工作做出重要指示并强调，在全面建设社会主义现代化国家新征程中，职业教育前途广阔、大有可为。要坚持党的领导，坚持正确办学方向，坚持立德树人，优化职业教育类型定位，深化产教融合、校企合作，深入推进育人方式、办学模式、管理体制，保障机制改革，稳步发展职业本科教育，建设一批高水平职业院校和专业，推动职普融通，增强职业教育适应性，加快构建现代职业教育体系，培养更多高素质技术技能人才、能工巧匠、大国工匠。各级党委和政府要加大制度创新、政策供给、投入力度，弘扬工匠精神，提高技术技能人才社会地位，为全面建设社会主义现代化国家、实现中华民族伟大复兴的中国梦提供有力人才和技能支撑。

本书由达州技师学院汽车工程系组织编写，内容紧扣中等职业学校汽车维修专业的培养目标，结合国家标准、大赛理念、行业需求，充分体现"必需、够用"的原则，以适应现代汽车行业的发展。本书主要从新车检查、汽车首次维护、汽车6万公里维护、汽车换季维护四个方面开展"典型工作任务"的学习。学习内容涵盖汽车功能元件的确认与检查、汽车油液的检查与更换、汽车电气设备的检查、汽车空调的检测与诊断、汽车尾气检测等。本书旨在培养学生掌握汽车构造、整车检测流程、汽车检测设备使用、汽车故障诊断等汽车专业知识。同时，本书在重要步骤中都有提示，强化了汽车维护作业的规范性和作业技巧；注重体现汽车服务企业的各项管理工作，以便学生在掌握技能的同时能熟悉汽车服务企业的工作流程。

本书由张双全、范林杰、徐春担任主编，由黄继望、雷刚、徐铭担任副主编。本书在编写过程中还得到企业专家李江、吴传兵，成都汽车职业技术学校的马泽主任，成都工业职业技术学院张习泉教授的鼎力相助。

限于编者水平，书中难免存在疏漏及错误，还请读者批评指正，提出修改意见和建议，以便再版修订时改正。

编　者
2021年10月

目　录

学习任务一　新车检查 1
　　学习活动1　新车检查前准备 3
　　学习活动2　新车外部检查 10
　　学习活动3　新车乘员舱检查 16
　　学习活动4　新车发动机机舱检查 39
　　学习活动5　新车底盘检查 47
　　学习活动6　评价总结 52

学习任务二　汽车首次维护 55
　　学习活动1　认识汽车维护 57
　　学习活动2　蓄电池的检查与维护 59
　　学习活动3　汽车诊断仪的使用与维护周期的复位 61
　　学习活动4　灯光、仪表系统的检查 64
　　学习活动5　发动机机油的检查与更换 68
　　学习活动6　空气滤清器的清洁与更换 71
　　学习活动7　车轮的检查与维护 73
　　学习活动8　评价总结 76

学习任务三　汽车6万公里维护 79
　　学习活动1　雨刮片的检查与更换 81
　　学习活动2　冷却液的检查与更换 85
　　学习活动3　电子节气门的清洗 89
　　学习活动4　火花塞的检查与更换 91
　　学习活动5　DSG变速器油（齿轮油）的检查与更换 96
　　学习活动6　制动器的检查与维护 102
　　学习活动7　制动液的检查与更换 108
　　学习活动8　汽车底盘其他系统维护 111
　　学习活动9　评价总结 114

学习任务四　汽车换季维护······117
　学习活动1　汽车冷却系统的检查与维护······119
　学习活动2　汽车空调的结构与原理······124
　学习活动3　汽车制冷剂的纯度鉴别和检漏······132
　学习活动4　汽车制冷剂的回收与加注······137
　学习活动5　评价总结······145

参考文献······148

学习任务一　新车检查

【任务描述】

在售出新车前，需要对车辆进行外观、性能的检查，确认新车是否满足交付要求。某汽车经销商授权销售服务公司对售前汽车进行质量检查，销售服务公司需在规定的交车时间内完成相应的检查项目，确认新车各项功能是否正常，同时按要求填写相关表格并签字确认，确保客户最终从经销商手中购买到一辆符合出厂标准的新车。

【任务目标】

维护人员从班组长处接到任务，结合厂家技术规范，确定维护项目、标准和作业流程。按作业流程及规范对车身、发动机、底盘、电气设备等系统实施相应清洁、检查、润滑、紧固和调整等维护工作，完成维护作业后进行自检。自检合格后，再由班组长进行质量检验。维护人员在工作中应遵循现场工作管理规范的相关要求。

【素养要求】

在工作中坚持将理论与实践结合，立足本职工作，强化责任担当。培养学生耐心细致的工作作风、精益求精的工匠精神，使其树立正确的世界观、人生观、价值观，增强社会责任感。

【学时】

36学时。

【工作流程与学习活动】

学习活动1：新车检查前准备。
学习活动2：新车外部检查。
学习活动3：新车乘员舱检查。
学习活动4：新车发动机机舱检查。
学习活动5：新车底盘检查。
学习活动6：评价总结。

学生学习活动任务分配表

班　级		组　号		指导教师	
组　长		工位号			
组　员	姓　名		工位号		工作任务

任务描述

学习活动 1　新车检查前准备

活动名称	新车检查前准备	建议学时	4
活动描述	在售出新车前，需要对车辆进行外观、性能检查，确认新车是否满足交付要求。某汽车经销商授权销售服务公司对售前汽车进行质量检查，维修接待员接受了新车检查这项任务，准备相应的新车检查单、工量具、仪器设备等		
学习目标	(1) 认识新车检查单，了解新车检查的内容与作业流程。能根据不同的检查内容，准备相应的新车检查工量具、仪器设备等。 (2) 掌握部分新车检查用工量具的使用方法及注意事项。 (3) 培养学生爱岗敬业的工作态度，树立正确的人生观和价值观		
关联知识 技能要点	加强团队合作，与他人进行有效沟通		
学习准备	多媒体、互联网资源、其他设备等		

一、资讯

(1) 交车前检查（Pre Delivery Inspection，PDI）是指新车出厂前检查记录，即车辆的售前检验记录。新车从生产厂到达经销商处可能经历了上千公里的运输和长时间的停放，为了向顾客保证新车的安全性和原厂性能，PDI 检查必不可少。

(2) 车辆电子自动化程度越高，PDI 检查项目也就越多（如电池的充放电是否正常、钥匙记忆功能与车辆是否匹配、舒适系统是否激活、仪表及灯光功能是否已按要求设置）。

(3) PDI 检查主要是确保车辆的安全性和驾驶舒适性。

(4) 各汽车厂家的交车前检查单（PDI 检查表）各不相同，但总体来说大同小异，请走进汽车维修企业，搜集各企业的交车前检查单。

二、计划与决策

请以小组为单位，根据新车的检查要求确定所需要的工具，并对小组成员进行合理分工，制订详细的检查和维护计划。

(1) 需要使用的工具。

_____。

(2) 小组成员的分工。

_____。

(3) 检查和维护计划。

_____。

三、实施

1. 车辆的清洗

查阅相关资料,将下列问题的答案填写在横线上。

汽车清洗是基本的保养工序之一。那么,我们真的把车洗干净了吗?你知道洗车除了"干净"以外,还需要注意什么问题吗?

_____
_____。

分组实习:认真清洗车辆表面,并用柔软、干净的毛巾擦干,如图1-1-1所示。

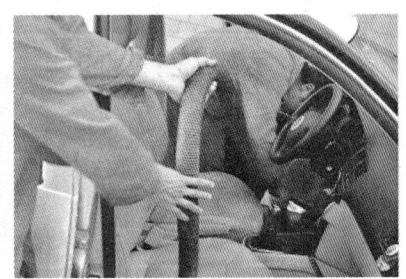

(a) 喷洒洗车液　　　　　　　　　(b) 清洗车辆内部

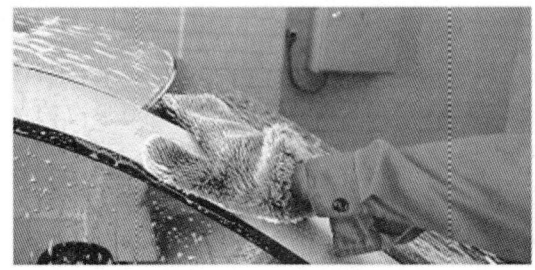

(c) 用洗车海绵擦拭车身　　　　　　(d) 高压水枪冲洗

图1-1-1

2. 座椅套、纸脚垫、方向盘套的准备及使用

实际操作:请迅速套上座椅套、方向盘套,铺上纸脚垫,如图1-1-2所示。

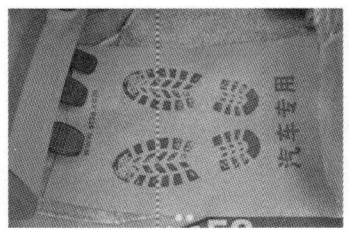

图1-1-2

操作顺序为_____。
操作时间为_____

3. 翼子板布的使用

(1) 检查发动机舱时，应使用翼子板布（图1－1－3）覆盖车身，主要是为了防止刮伤_____；同时，衣物上的尖锐物品也有可能会刮伤_____。

(2) 翼子板布应铺在汽车的什么位置？请填入下边的横线处。
_____。

图1－1－3

(3) 检查发动机舱时需要使用一些辅助工具，请将表1－1－1补充完整。

表1－1－1

序　号	工具名称	作　用
1	万用表	
2	手电筒	
3	扭力扳手	

(4) 请将图1－1－4中各保护垫的名称及安装位置填入表1－1－2。

表1－1－2

序号	名称	安装位置
A		
B		
C		
D		
E		
F		
G		
H		

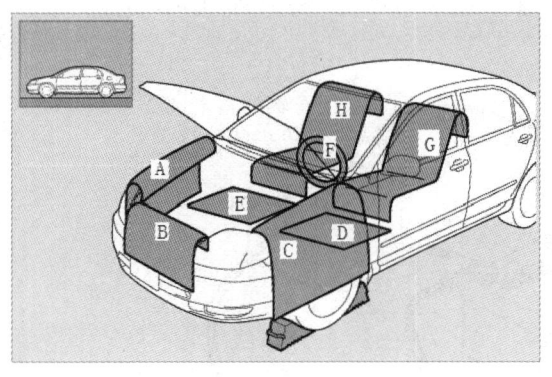

图1－1－4

4. 蓄电池电压检测与充电机的使用

(1) 如图1－1－5所示，使用万用表测试蓄电池的电压为_____。

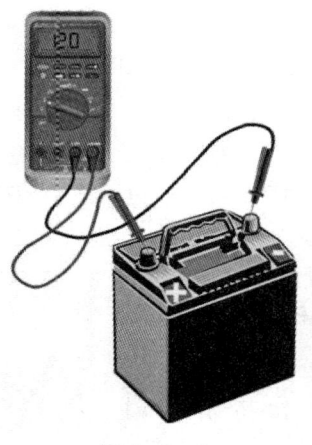

图 1—1—5

（2）使用充电机（图 1—1—6）对蓄电池充电，充电机的模式和挡位为_____
____。

图 1—1—6

（3）应急跨接充电如图 1—1—7 所示，应急跨接充电属于串联还是并联？_____
____。

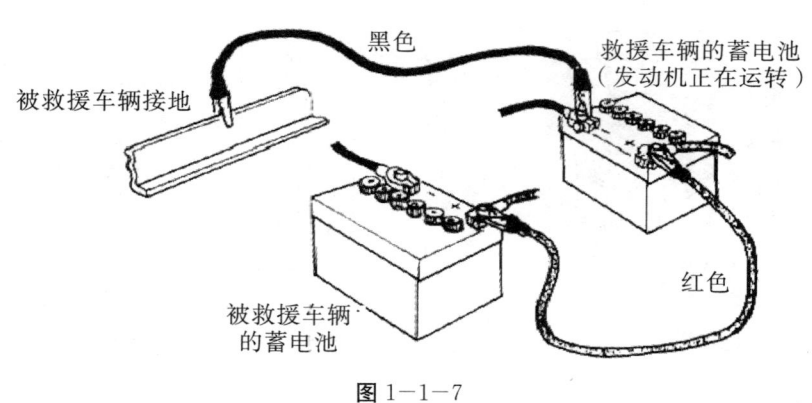

图 1—1—7

5. 轮胎胎压

（1）换算：$1 \text{ kgf/cm}^2 =$ _____ bar= _____ psi。

（2）请通过维修手册查出该车型的胎压，前轮胎压为_____，后轮胎压为_____，备胎胎压为_____。

（3）请摘录维修手册中关于车辆轮胎压力测试的注意事项。
_____
_____。

6．车载工具的检查

车辆初检时，需要检查车辆手续及车载工具是否齐全。表1-1-3中列出了几种车载工具的图片，请分别写出它们的名称及放置位置。

表1-1-3

图　示	名　称	放置位置
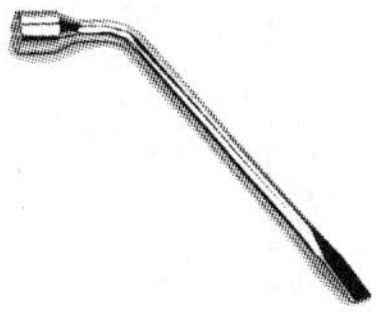		

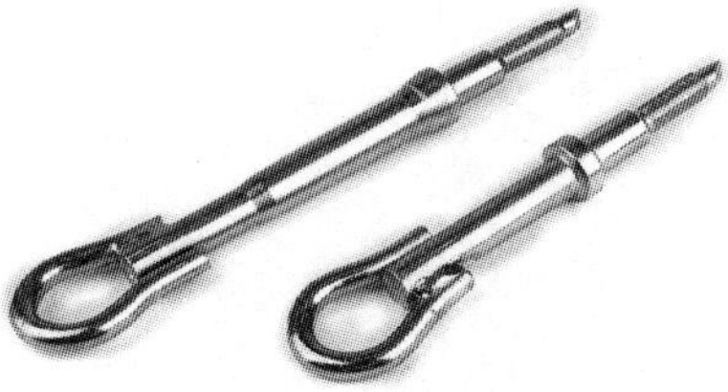		

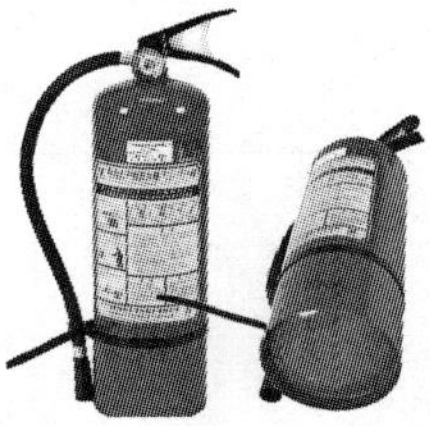		

7. 交车前检查单

按交车前检查单对车辆进行各项检查，如图 1—1—8 所示。

交车前检查单

工作号	类型	代码	首次注册
底盘编号	发动机	公里数	维修顾问
车型描述	变速箱	年款	日期

交车前检查

	OK	NOK	已修复
保险丝（烟灰缸内）：安装	□	□	□
所有开关、用电设备、量表和其他控制装置：功能性检查	□	□	□
保养周期显示：复位	□	□	□
电动车窗：检查定位（开启和关闭功能）	□	□	□
座椅记忆：进行初始化	□	□	□
时钟：设置到正确时间	□	□	□
环境温度显示：选择温度单位	□	□	□
Climatronic（自动空调）：设置温变为 22 °C	□	□	□
收音机和导航系统：激活防盗码，设置当地广播电台和电视台并存储到电台按钮	□	□	□
收音机卡：将收音机序列号和固定的防盗代码粘贴在收音机卡上，不干胶贴在车辆数据胶贴上可以找到。	□	□	□
检查车辆内部的清洁度：前排座椅和后排座椅、内饰、地毯/垫子、车窗	□	□	□
座椅和地毯保护膜：去掉	□	□	□
安装放在车内的所有装备（如果属于原装件）：底板垫、刮水器臂、扰流板、车顶天线、车轮装饰件/轮毂盖、轮胎气门嘴延伸件	□	□	□
门边保护膜（塑料膜）：去掉	□	□	□
检查车辆外部的清洁度：漆面、装饰件、车窗、刮水器片、各个表面	□	□	□
车轮固定螺栓：正确紧固到规定扭矩	□	□	□
左前车轮轮胎充气压力：调整到正确压力	□	□	□
右前车轮轮胎充气压力：调整到正确压力	□	□	□
左后车轮轮胎充气压力：调整到正确压力	□	□	□
右前车轮轮胎充气压力：调整到正确压力	□	□	□
备用车轮的轮胎充气压力：调整到正确压力	□	□	□
发动机舱内的发动机及组件：目测渗漏及损坏（不需拆下隔音用的发动机罩板）	□	□	□
目视检查下部有无泄漏和损坏（不需拆下隔音用的发动机罩板）：发动机，变速箱，转向机，球头及防尘套，管路及储液罐等	□	□	□
制动系统：目测渗漏及损坏（不需拆下隔音用的发动机罩板）	□	□	□
蓄电池：用手检查蓄电池接线柱的紧固程度	□	□	□
蓄电池：检查电压	□	□	□
风挡玻璃刮水/洗涤和大灯清洗系统：检查功能和设置；补充液位到最高位置	□	□	□
发动机油位：在添加机油时检查并注意机油规格！	□	□	□
发动机及其发动机舱内的部件（从上面）：目视检查有无泄漏和损坏	□	□	□
冷却液位：确认在最高液位	□	□	□
助力转向：检查油位	□	□	□
制动液：确认在最高液位	□	□	□
首次保养标签：将标签贴在驾驶员侧门柱（B 柱）上；标签在车辆工具袋前面的一个说明条上，在贴上标签后撕掉说明条。	□	□	□
保养日程表：输入交车前检查	□	□	□
检查车辆资料是否完备，并准备需要给客户的交车资料。	□	□	□

OK= 正常　　NOK = 不正常，请注意维修说明　　已修复 = 故障现在已修复，作业单另附

日期/签字（执行人）　　日期/签字（最后检查人）

图 1—1—8

8. 检查灯光

利用维修手册并结合交车前检查单，进行灯光检查，并将检查结果填入表 1—1—4。

表 1—1—4

名称	电器件的工作状况	
	正　常	不正常（说明现象）
大灯		
小灯		
前雾灯		
控制台灯		
尾灯（后小灯）		
牌照灯		
后雾灯		

续表

名称	电器件的工作状况	
	正　常	不正常（说明现象）
刹车灯		
倒车灯		
转向灯		
危险警告灯		

9. 轮胎检查

利用维修手册并结合交车前检查单，完成汽车底盘下部检查，并将检查结果填入表 1-1-5 中。

表 1-1-5

项　目	底盘下部检查	
	正　常	不正常
轮胎螺母的扭矩		
轮胎的气压		
轮胎的外观		

10. 底盘检查前准备

举升机是检查、维修汽车时的重要设备，通过查阅相关资料，将举升机实物图片贴在表 1-1-6 空白处，并在横线上填写该类型举升机的名称和适用范围。

表 1-1-6

图片	名称和适用范围
	(1) 名称：＿＿＿＿＿＿＿＿＿＿＿＿＿＿＿。 (2) 适用范围：＿＿＿＿＿＿＿＿＿＿＿＿。

续表

图片	名称和适用范围
	(1) 名称：_____。 (2) 适用范围：_____。
	(1) 名称：_____。 (2) 适用范围：_____。
	(1) 名称：_____。 (2) 适用范围：_____。

四、评价

1. 知识评价

(1) 简述新车检查的内容与流程。

(2) 简述新车检查时需使用的工量具及仪器设备的名称、种类、用途及使用方法。

2. 技能及素养评价

技能及素养评价见"附表1 学习任务一评价表"。

学习活动2　新车外部检查

活动名称	新车外部检查	建议学时	6
活动描述	在售出新车前，需要对车辆进行外观、性能的检查，确认新车是否满足交付要求。某汽车经销商授权销售服务公司对售前汽车进行质量检查，维修接待员接受了新车检查这项任务，准备对新车外部进行检查			
学习目标	(1) 掌握新车外部检查项目。 (2) 按照制定的新车外部检查作业流程进行新车外部检查作业。 (3) 掌握新车外部检查使用工量具的使用方法及注意事项。 (4) 培养学生爱岗敬业的工作态度，树立正确的人生观和价值观			
关联知识 技能要点	加强团队合作，与他人进行有效沟通			
学习准备	多媒体、互联网资源、其他设备等			

一、资讯

(1) 查阅维修手册等相关资料。

（2）列举新车外部检查项目，并将作业内容填入表1-2-1。

表1-2-1

序　号	项　目	作业内容
1		
2		
3		
4		
5		
6		
7		
8		

二、计划与决策

请以小组为单位，根据新车外部检查的要求确定所需要的工具，并对小组成员进行合理分工，制订详细的检查和维护计划。

（1）需要使用的工具。

_____

_____。

（2）小组成员的分工。

_____

_____。

（3）检查和维护计划。

_____

_____。

三、实施

1. 全车油漆及金属表面的检查

（1）检查要求及标准。

①要在光线良好的环境下检查。

②检查并确认金属表面平整度良好，无凹凸缺陷。

③检查并确认车身表面油漆是否存在划伤、色差、漏漆、流挂、灰粒、暗影等。

（2）检查方法。

①近距离目视检查。

②在距离检查部位1米处，从正面、侧面进行目视检查。

（3）漆面质量问题。

仔细观察教师提供的图片并对照实物,迅速准确地说出漆面质量问题的类型(如鱼眼、针孔、起泡、水印、剥落及龟裂)。

小提示:
汽车修补涂装是指修复钣金或破损的漆面,使车身表现恢复至破坏前的状态。

(4)检查流程。

全车油漆及金属表面的检查流程如表1-2-2所示,请将检查结果填入表1-2-2。

表1-2-2

序 号	检查部位	有无问题	问题类型
1	前保险杠		
2	发动机机舱盖		
3	左前翼子板		
4	左前后视镜		
5	左前车门		
6	左后车门		
7	左后翼子板		
8	后备厢盖		
9	后保险杠		
10	右后翼子板		
11	右后车门		
12	右前车门		
13	右前翼子板		
14	车顶		

2. 车身各件配合间隙的检查

车身各件配合间隙的检查内容如表1-2-3所示,请将检查记录填入表1-2-3。

表1-2-3

序 号	检查内容	检查记录
1	检查发动机机舱盖、后备厢与翼子板的配合间隙是否均匀,左右是否对称,平整度是否一致	
2	检查前、后保险杠与翼子板的配合间隙是否均匀,平整度是否一致	
3	检查前、后保险杠与发动机机舱盖、后备厢的配合间隙是否均匀	

续表

序号	检查内容	检查记录
4	检查发动机机舱盖、后备厢盖与车身、翼子板的配合间隙是否均匀,平整度是否一致	
5	检查四门与车身的配合间隙是否均匀,平整度是否一致	

3. 车身玻璃的检查

(1) 前、后挡风玻璃。

前、后挡风玻璃的检查内容如表1-2-4所示,请将检查记录填入表1-2-4。

表1-2-4

序号	检查内容	检查记录
1	检查前、后挡风玻璃表面是否开裂,有无"爆眼"、划伤等现象,平整度是否一致	
2	透过玻璃观察物体,感觉物体是否发生变形	
3	检查确认前、后挡风玻璃密封条配合是否牢固,有无开裂、变形、翘起等现象	

(2) 车窗玻璃。

车窗玻璃的检查内容如表1-2-5所示,请将检查记录填入表1-2-5。

表1-2-5

序号	检查内容	检查记录
1	检查四门车窗玻璃、天窗和三角窗玻璃是否完整	
2	检查玻璃表面是否开裂,有无"爆眼"、划伤等现象,平整度是否一致	
3	透过玻璃观察物体时,感觉物体是否发生变形	
4	检查窗框密封条配合是否牢固,有无开裂、变形、翘起等现象	

4. 雨刮器刮臂及刮片的检查

雨刮器刮臂及刮片的检查内容如表1-2-6所示,请将检查记录填入表1-2-6。

表1-2-6

序号	检查内容	检查记录
1	检查雨刮器的刮臂是否存在损坏或变形等现象	
2	检查雨刮片表面是否平整,是否存在损坏、变形等现象	

5. 照明灯具外观的检查

照明灯具外观的检查内容如表1-2-7所示,请将检查记录填入表1-2-7。

表 1-2-7

序号	检查内容	检查记录
1	检查前后大灯、雾灯组合灯、侧面转向灯、后尾灯等与前后保险杠之间的配合间隙是否均匀、对称	
2	检查灯具表面是否存在划痕、裂缝，有无破损	
3	检查各灯具是否存在进水迹象	
4	灯光检查部分	见表 1-1-4

6. 车身饰条、密封条、装饰条板的检查

车身饰条、密封条、装饰条板的检查内容如表 1-2-8 所示，请将检查记录填入表 1-2-8。

表 1-2-8

序号	检查内容	检查记录
1	检查顶部饰条粘贴是否牢固，是否存在翘起、破损等现象	
2	检查上侧梁饰条安装是否牢固，与上梁配合是否平整，镀铬表面是否存在脱落、划伤、凹凸点、锈蚀、起泡等现象	
3	检查左右两侧门槛饰条安装是否牢固，与门槛配合是否平整，镀铬表面是否存在脱落、划伤、凹凸点、锈蚀、起泡等现象	
4	检查车门、翼子板光亮饰条安装是否牢固，镀铬表面有无脱落、划伤、凹凸点、锈蚀、起泡等现象，翼子板、车门光亮饰条过渡是否一致	
5	检查前格栅、后牌照饰条安装是否牢固，有无翘起，镀铬表面是否存在脱落、划伤、凹凸点、锈蚀、起泡等现象	
6	检查车门窗台外侧密封条表面有无划伤，安装是否牢固，与车窗玻璃的配合有无间隙，尾部位置与外柱饰条是否平齐	
7	检查前后标牌、标识及 Logo 是否粘贴牢固	
8	检查前后车身的标牌是否清晰、正确	
9	检查前后门外柱饰条表面有无划伤，外柱饰条平整度是否一致，上下间隙是否均匀	

7. 油箱盖与车身配合的检查

油箱盖与车身配合的检查内容如表 1-2-9 所示，请将检查记录填入表 1-2-9。

表 1-2-9

序号	检查内容	检查记录
1	检查加油小门在关闭的状态下，与车身的配合间隙是否均匀、对称，平整度是否一致	
2	检查加油小门在车门解锁的状态下，能否打开小门盖板	
3	检查油箱盖上的标签是否粘贴牢固，标签上的图标和字体是否清晰、正确	

8. 倒车雷达感应器的检查

倒车雷达感应器的检查内容如表 1-2-10 所示，请将检查记录填入表 1-2-10。

表 1-2-10

序号	检查内容	检查记录
1	检查倒车雷达感应器安装是否牢固，有无漏装	
2	检查倒车雷达感应器与后保险杠表面颜色是否一致	

9. 归纳总结

经过以上八个步骤的仔细检查，填写新车交接检查记录表并签字确认。同时，归纳出现的问题并提出建议。

经检查，发现本车外部问题如下：

（1）出现次数最多的问题是_____。

（2）最严重的问题是_____。

（3）影响安全的问题是_____。

（4）我的建议是_____。

四、评价

1. 知识评价

（1）简述汽车油漆可能出现的质量问题有哪些。

（2）简述汽车灯光的类别及功用。

2. 技能及素养评价

技能及素养见"附表1 学习任务一评价表"。

学习活动 3　新车乘员舱检查

活动名称	新车乘员舱检查	建议学时	6
活动描述	在售出新车前，需要对车辆进行外观、性能的检查，确认新车是否满足交付要求。某汽车经销商授权销售服务公司对售前汽车进行质量检查，维修接待员接受了新车检查这项任务，准备对新车乘员舱进行检查			
学习目标	(1) 能描述新车检查作业所使用的工量具及仪器设备的名称、种类、用途及使用方法。 (2) 能查阅维修手册，正确识别车内的功能部件，并熟练操作。 (3) 能按照新车检查项目的要求在规定时间内进行功能检查并恢复新车正常状态。 (4) 能描述新车乘员舱检查作业服务流程。 (5) 能展示与汇报新车乘员舱检查作业的学习成果。 (6) 培养学生爱岗敬业的工作态度，树立正确的人生观和价值观			
关联知识技能要点	加强团队合作，与他人进行有效沟通			
学习准备	多媒体、互联网资源、其他设备等			

一、资讯

(1) 查阅维修手册等相关资料。

(2) 列举新车乘员舱检查项目，并将作业内容填入表1-3-1。

表 1-3-1

序　号	检查项目	作业内容
1		
2		
3		
4		
5		
6		
7		
8		
9		

二、计划与决策

请以小组为单位，根据新车乘员舱检查要求，确定所需要的工具，并对小组成员进行合理分工，制订详细的检查和维护计划。

(1) 需要使用的工具。

_____。

(2) 小组成员的分工。

_____。

(3) 检查和维护计划。

_____。

三、实施

1. 中控门锁的操作与检查

(1) 如图1－3－1所示，按钮_____锁止所有车门，按钮_____解锁所有车门。

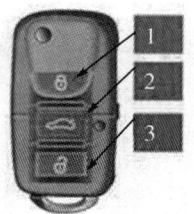

图1－3－1

(2) 如图1－3－2所示，方向_____锁止所有车门，方向_____解锁所有车门。

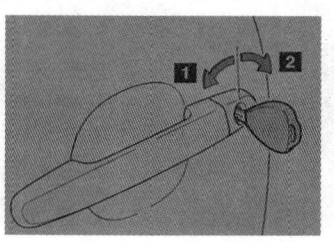

图1－3－2

(3) 如图1－3－3所示，按钮_____锁止所有车门，按钮_____解锁所有车门。

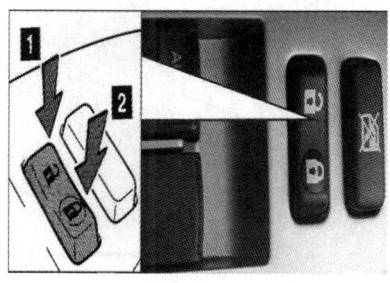

图1－3－3

(4) 如图 1-3-4 所示，按钮_____解锁该车门，按钮_____解锁所有车门。

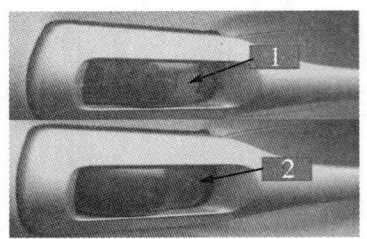

图 1-3-4

(5) 如图 1-3-5 所示，_____可以打开后备厢。
A. 向上拉　　　　B. 向下压

图 1-3-5

(6) 如图 1-3-6 所示，方向_____开启后备厢；方向_____锁止后备厢。

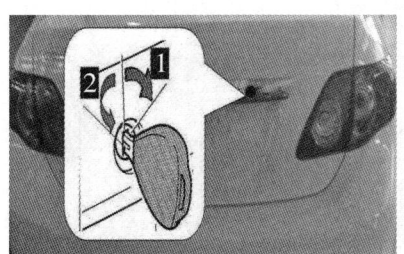

图 1-3-6

(7) 如图 1-3-7 所示，儿童锁为_____状态。

图 1-3-7

2. 座椅的调整与检查

（1）如图1-3-8所示，_____为靠背倾斜调整杆，_____为前后位置调整杆，_____为垂直高度调整杆。

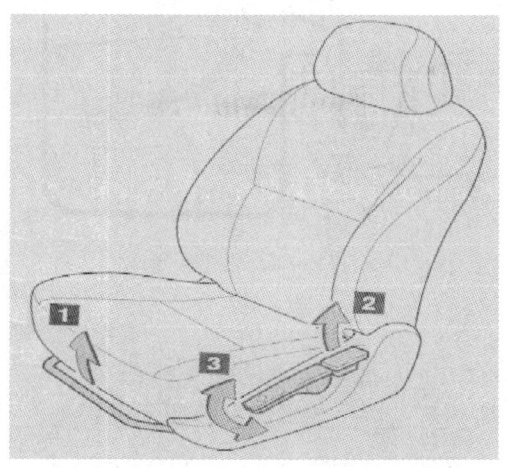

图1-3-8

（2）如图1-3-9所示，_____为升高头枕，_____为降低头枕。

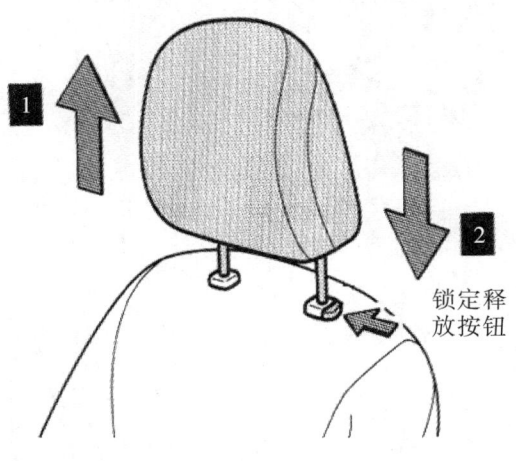

图1-3-9

（3）如图1-3-10所示，步骤1的动作是_____，步骤2的动作是_____，步骤3的动作是_____。

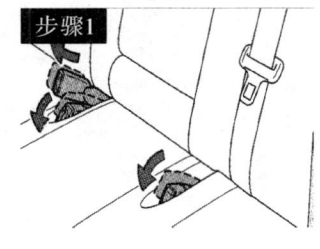 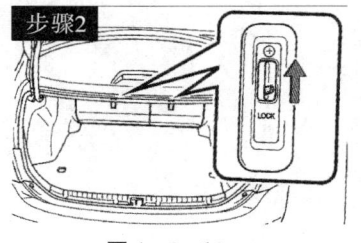 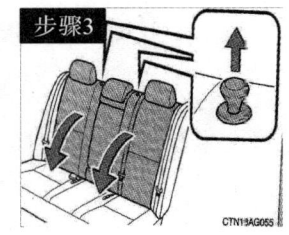

图1-3-10

（4）如图1—3—11所示，后排座椅此时处于_____状态。

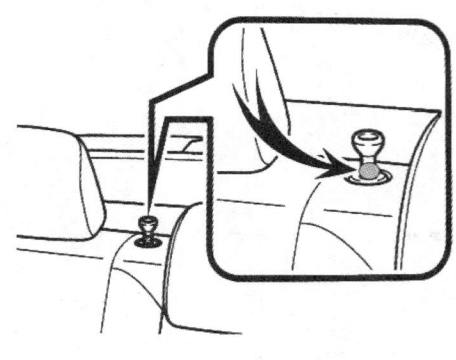

图1—3—11

3. 安全带的检查

（1）如图1—3—12所示，_____表示上移安全带，_____表示下移安全带。

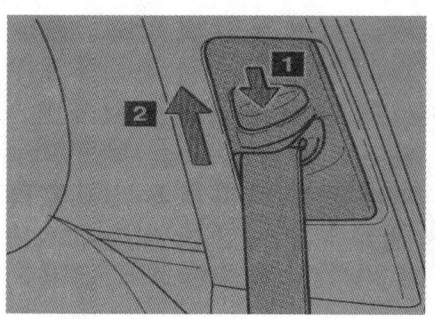

图1—3—12

（2）如图1—3—13所示，_____表示扣紧安全带，_____表示松开安全带。

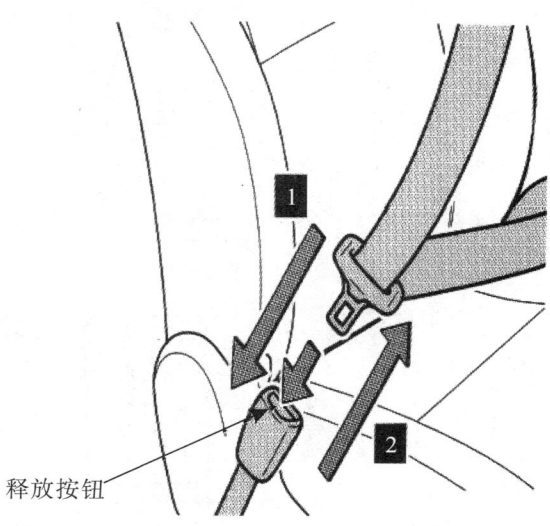

图1—3—13

4. 方向盘的调整与检查

（1）如图1-3-14所示，_____可以对方向盘进行调整，_____可以将方向盘锁定。

图1-3-14

（2）如图1-3-15所示，方向盘应执行_____四个方向的调整。

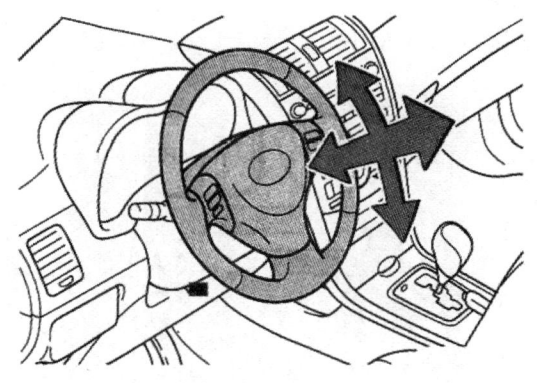

图1-3-15

（3）如图1-3-16所示，通过按压使汽车鸣笛的位置是_____。

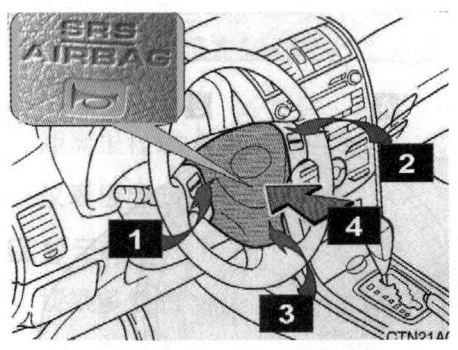

图1-3-16

(4) 如图 1-3-17 所示，_____为调节座椅靠背，_____为系好安全带，_____为调整方向盘。

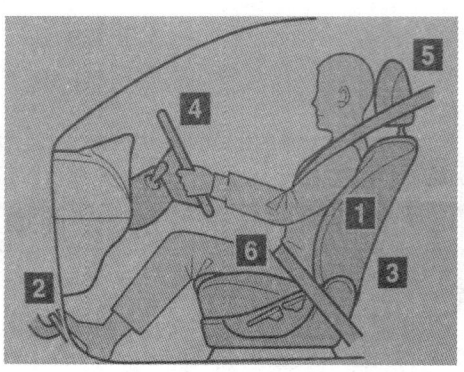

图 1-3-17

5. 点火开关的检查

(1) 如图 1-3-18 所示，点火开关处于_____位置时，仪表指示灯点亮。

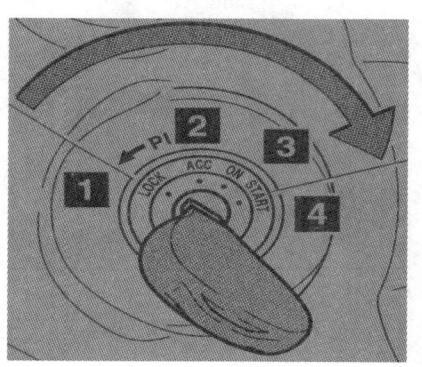

图 1-3-18

(2) 如图 1-3-19 所示，拔出点火钥匙后，指示灯状态为_____；钥匙位于"ACC"位置时，指示灯状态为_____。

图 1-3-19

6. 仪表盘的检查

（1）点火开关处于_____位置时，仪表盘的警告灯点亮。图 1－3－20 中标示的警告灯中，点亮 4 秒后熄灭的是_____，需要发动机启动后才能熄灭的是_____，灯颜色为黄色的是_____，灯颜色为红色的是_____。

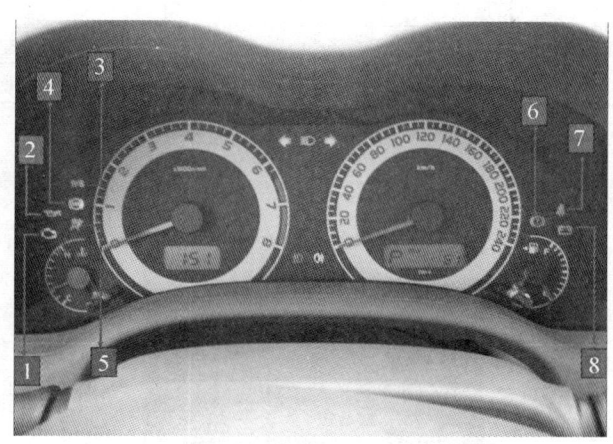

图 1－3－20

（2）如图 1－3－20 所示，将正确的序号填入表 1－3－2。

表 1－3－2

序　号	名　称	序　号	名　称
	安全气囊警告灯		安全带指示灯
	机油警告灯		蓄电池警示灯
	ABS 警告灯		停车制动警告灯
	SRS 警告灯		发动机警告灯

小提示：

停车制动警告灯（手刹灯）：在制动液液面过低时也会被点亮。

发动机警告灯：也可作为废气排放指示灯。

（3）如图 1－3－21 所示，将正确的序号填入表 1－3－3 中。

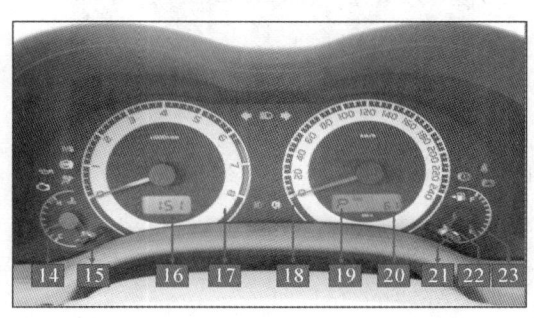

图 1－3－21

表 1-3-3

序　号	名　　称	序　号	名　　称
	燃油表		转速表
	车速表		水温表
	时钟		挡位
	小计里程/总里程		时钟调节按钮
	里程复位按钮		燃油液过低警告灯

（4）如图 1-3-22 所示，水温表显示发动机处于_____状态。

A．过冷　　　　　　B．过热　　　　　　C．正常工作

图 1-3-22

（5）如图 1-3-23 所示，若转速表指针指向"2"的位置，读数应为_____。

A．2000 转　　　　　B．2000 转/分　　　　C．2000 转/秒

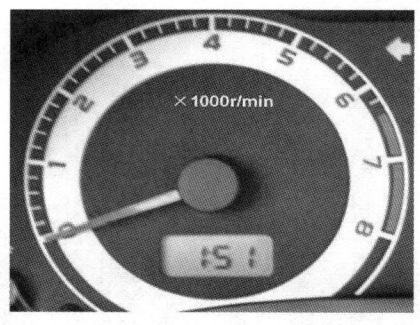

图 1-3-23

（6）如图 1-3-24 所示，调整时钟应按下列步骤进行：
_____ → _____ → _____。

A．按下时钟按钮，调整小时至"1"

B．按下时钟按钮，调整分钟至"51"

C．按住时钟按钮，进入时钟调整

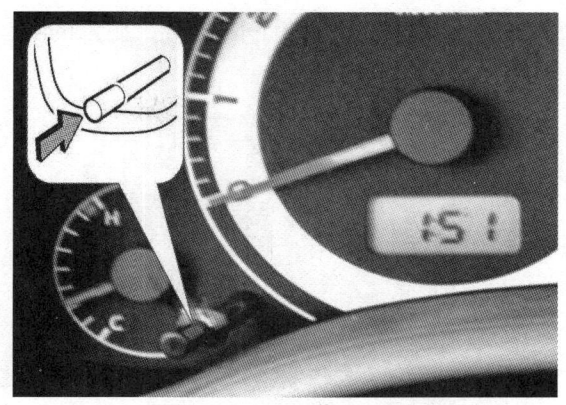

图 1-3-24

（7）如图 1-3-25 所示，里程计显示的内容为_____。

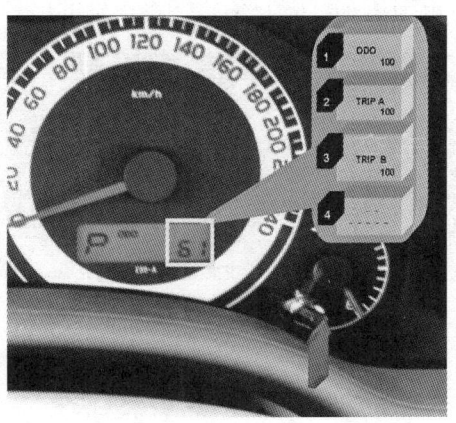

图 1-3-25

（8）如图 1-3-26 所示，ODO "61" 表示_____，TRIP A "0.1" 表示_____，TRIP B "0.1" 表示_____。

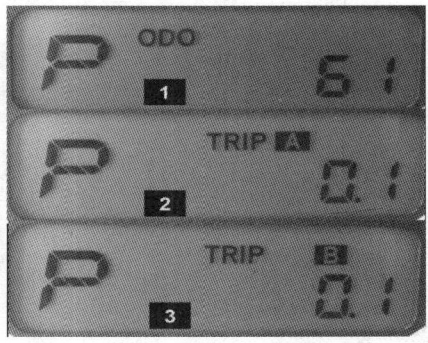

图 1-3-26

(9) 如图 1-3-27 所示，换挡杆由上至下操作时，显示的挡位指示灯依次为_____。

图 1-3-27

7. 灯光的检查

(1) 如图 1-3-28 所示为汽车灯光开关，请将正确的序号填入表 1-3-4。

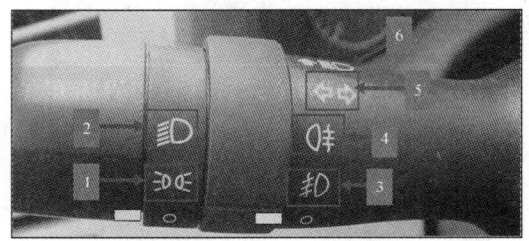

图 1-3-28

表 1-3-4

序号	名称	序号	名称
	近光灯		左右转向灯
	前雾灯		远光灯
	后雾灯		小灯

(2) 如图 1-3-29 所示，请将正确的序号填入表 1-3-5。

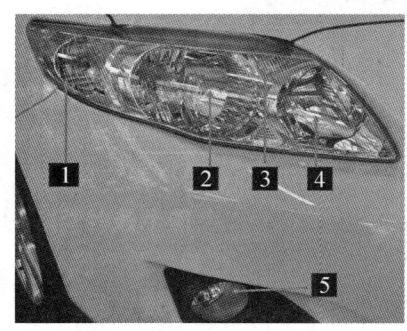 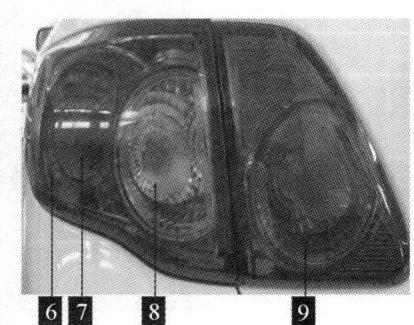

图 1-3-29

表1-3-5

序　号	名　称	序　号	名　称
	近光灯		转向灯
	小灯		刹车灯
	远光灯		转向灯
	前雾灯		后雾灯

（3）如图1-3-30所示，点亮的外部灯是_____，仪表盘、空调面板等夜光照明灯_____。

图1-3-30

（4）如图1-3-31所示，点亮的外部灯是_____。

图1-3-31

（5）前照灯光束的调整只在_____时可操作。

如图1-3-32所示，向"1"的方向转动调节轮时，前照灯光束亮度_____；向"2"的方向转动调节轮时，前照灯光束亮度_____。

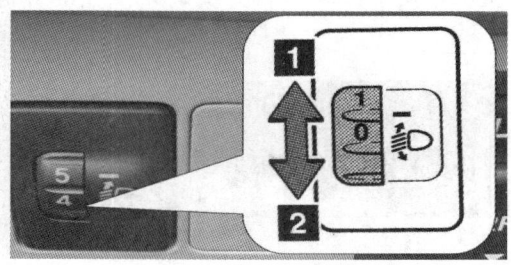

图1-3-32

（6）如图 1-3-33 所示，将变光控制杆沿方向"1"向下拉时，点亮的左侧外部灯是_____，仪表盘上点亮的指示灯是_____。

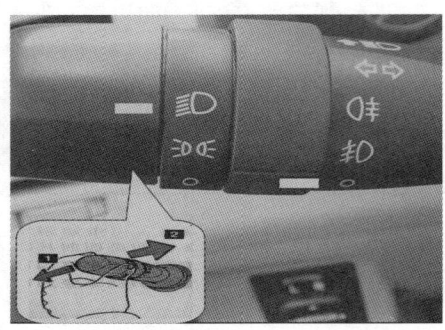

图 1-3-33

（7）如图 1-3-34 所示，点亮的左侧外部灯是_____，仪表盘上点亮的指示灯是_____。

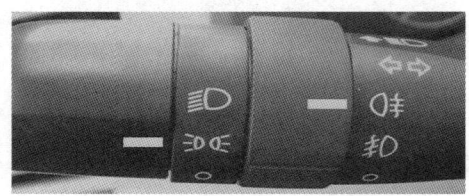

图 1-3-34

（8）如图 1-3-35 所示，点亮的右侧外部灯是_____，仪表盘上点亮的指示灯是_____。

图 1-3-35

（9）如图 1-3-36 所示，按下危险警告开关时，点亮的外部灯是_____，仪表盘上点亮的指示灯是_____。

图 1-3-36

（10）如图1-3-37所示，沿方向柱上下拉动转向开关：拉向"1"的方向，点亮的外部灯是_____，仪表盘上点亮的指示灯是_____。拉向"2"的方向时，点亮的外部灯是_____，仪表盘上点亮的指示灯是_____。

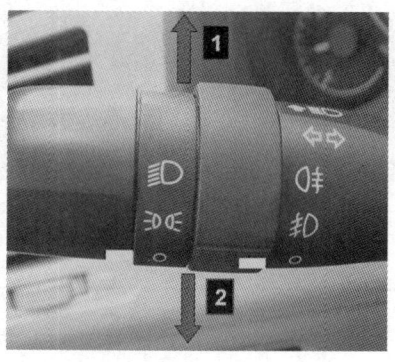

图1-3-37

（11）如图1-3-38所示，请将仪表盘上指示灯的正确序号填入表1-3-6。

图1-3-38

表1-3-6

序　号	名　称
	远光灯
	前雾灯
	后雾灯
	左转向灯
	右转向灯

8. 雨刮的检查

(1) 如图 1-3-39 所示，请将雨刮标识的正确序号填入表 1-3-7。

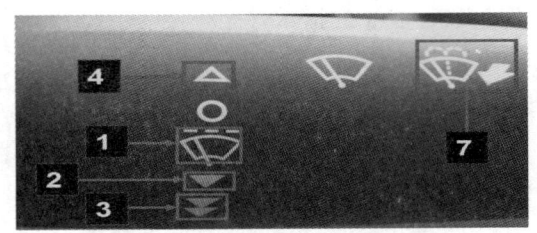

图 1-3-39

表 1-3-7

序　号	名　称
	高速挡
	点动挡
	喷水
	间隙挡
	低速挡

(2) 如图 1-3-40 所示，刮水速度最快的挡位是_____，刮水速度相同的挡位是_____。雨刮开关处于位置"4"时，刮水器刮动_____次。

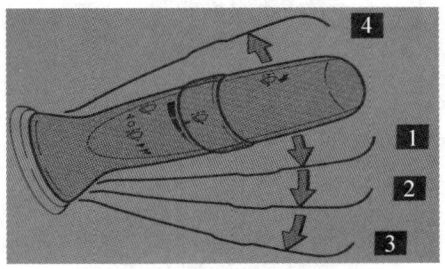

图 1-3-40

(3) 如图 1-3-41 所示，检查雨刮喷水动作。当雨刮短暂喷水 1 次时，刮水器刮动_____次。

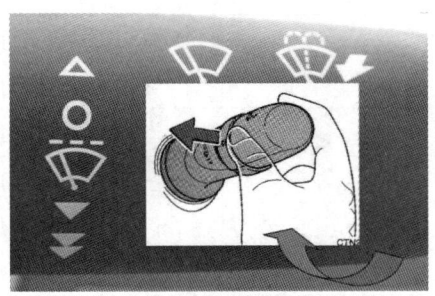

图 1-3-41

小提示：

当玻璃表面干燥时，不要起动雨刮。当喷水器不喷水时，不要起动雨刮。检查雨刮属于汽车的定期保养项目之一。

9. 后视镜的检查

（1）如图 1-3-42 所示，请将后视镜按钮的正确序号填入表 1-3-8。

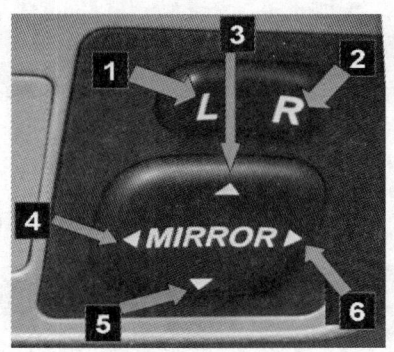

图 1-3-42

表 1-3-8

序　号	名　称
	右侧后视镜
	左侧后视镜
	向下运动
	向右运动
	向上运动
	向左运动

（2）如图 1-3-43 所示，欲使左侧后视镜向右、向上移动，操作的按钮是_____；欲使右边后视镜向左、向下移动，操作的按钮是_____。

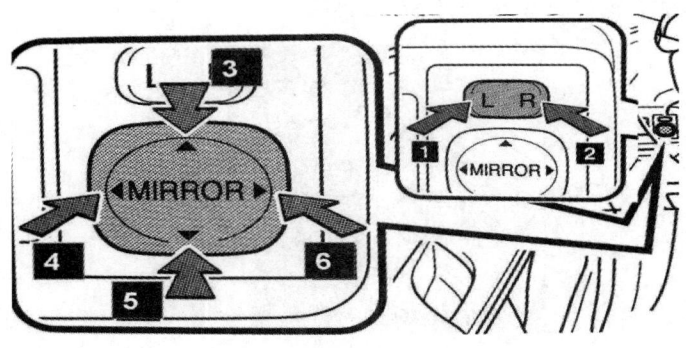

图 1-3-43

(3) 如图1-3-44所示，当执行动作_____，可关闭后视镜防眩目功能。

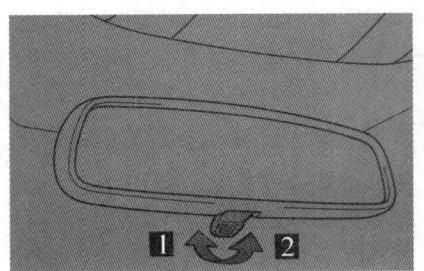

图1-3-44

10. 电动车窗的检查

(1) 如图1-3-45所示，请将电动车窗主开关各按钮的正确序号填入表1-3-9。

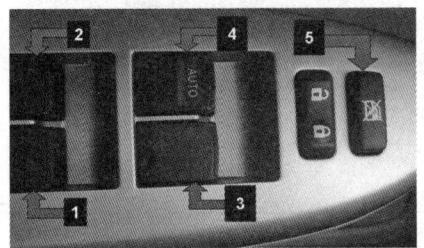

图1-3-45

表1-3-9

序　号	名　称
	左后车窗
	右后车窗
	右前车窗
	左前车窗
	电动车窗锁止开关

(2) 如图1-3-46所示，执行动作_____，电动车窗（单触式）关闭。执行动作_____，电动车窗（一直按住按钮）打开。

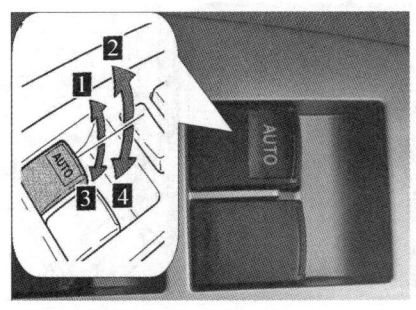

图1-3-46

（3）如图1-3-47所示，按下电动车窗锁止按钮后，_____车窗开关可以控制后部车窗工作，_____车窗开关不能控制后部车窗工作。

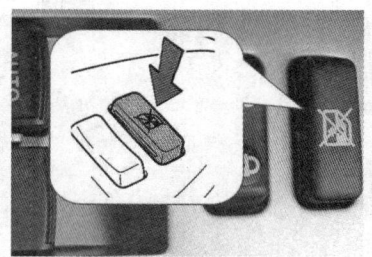

图1-3-47

小提示：

当车窗升降出现异响时，应停止操作并对车窗进行检查。不可用身体部位测试车窗防夹功能。

11. 车内灯的检查

（1）如图1-3-48所示，开关在_____位置时，关闭所有车门，门控灯熄灭；开关在_____位置时，门控灯将常亮，可用于车内照明；开关在_____位置时，如果有车门未关闭，则门控灯将在20分钟后自动熄灭。

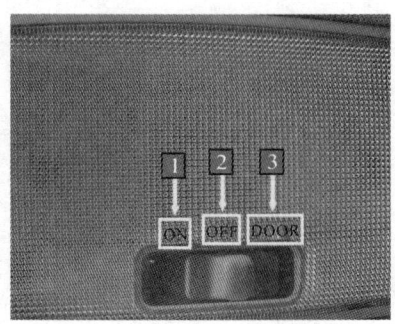

图1-3-48

（2）如图1-3-49所示，由状态"A"变为状态"B"时，需要操作的按钮是_____。

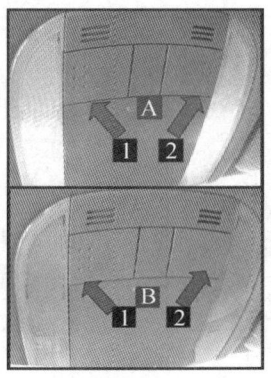

图1-3-49

12. 空调的检查

(1) 如图 1－3－50 所示为汽车空调控制开关，请将缺失的内容填入表 1－3－10。

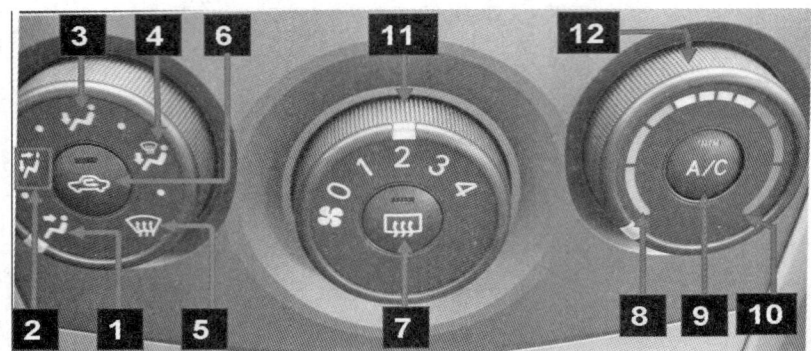

图 1－3－50

表 1－3－10

序　号	作用与功能
	迎面吹风
	迎面与下吹风
3	
	下吹风与除霜
5	
	内循环
7	
	最冷
9	
	最热
	风量调节
	空调开关

(2) 如图 1－3－51 所示，吹风模式分别为_____。

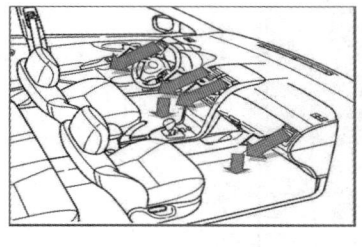

(a)　　　　　　　　　　(b)

图 1－3－51

（3）如图1-3-52（a）所示，执行动作_____可以调整出风口风向；如图1-3-52（b）所示，执行动作_____可以关闭出风口。

(a)　　　　　　　　　　(b)

图1-3-52

（4）如图1-3-53所示，此时风量处于_____挡，后挡风玻璃加热处于_____状态。

图1-3-53

（5）如图1-3-54所示，此时温度调整处于_____状态，制冷系统处于_____状态。

图1-3-54

小提示：

当出风口风量较正常值小时，应检查空调滤芯是否脏污发生堵塞。在空气极为潮湿的情况下使用制冷功能，不要选择"除霜"模式，该模式有可能导致前挡风玻璃外表面起雾。同时，长时间使用内循环模式，也可能导致车窗起雾。

13. 音响的检查

如图1—3—55所示，音响面板各按键的功能分别是_____
_____。

图1—3—55

14. 储物空间、化妆镜及杯架的检查

(1) 如图1—3—56所示，应为_____储物箱。

A. 打开　　　　　　　　　　　　　　B. 关闭

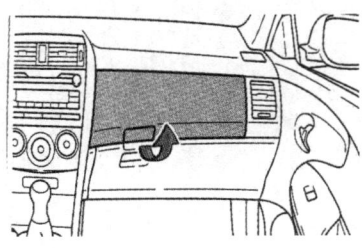

图1—3—56

(2) 如图1—3—57所示，应为_____化妆镜。

A. 打开　　　　　　　　　　　　　　B. 关闭

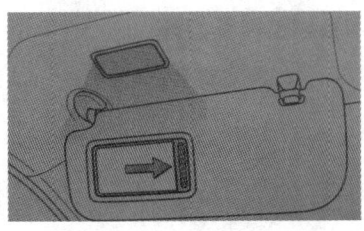

图1—3—57

(3) 如图1—3—58所示，车顶储物盒适合放置的物品包括_____。

A. 罐装汽水　　　B. 眼镜　　　C. 瓶装矿泉水　　　D. 硬币

图 1-3-58

（4）如图 1-3-59 所示，打开中控台杯架的顺序是_____。

A. 先打开"1"，再打开"2"　　　　B. 先打开"2"，再打开"1"

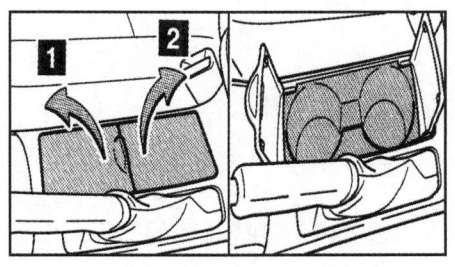

图 1-3-59

15. 烟灰盒的检查

（1）如图 1-3-60 所示，打开烟灰盒，烟灰盒盖拉起后（　　）。

A. 烟灰盒与盖同时被拉出

B. 只打开盒盖

C. 只拉出烟灰盒

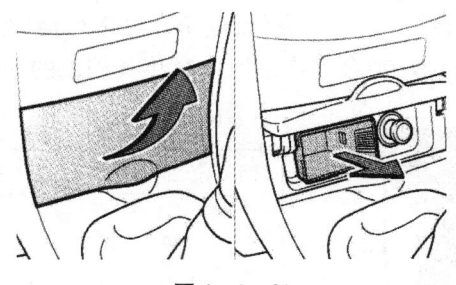

图 1-3-60

（2）如图 1-3-61 所示，打开烟灰盒，烟灰盒盖拉起后（　　）。

A. 烟灰盒与盖同时被拉出

B. 只打开盒盖

C. 只拉出烟灰盒

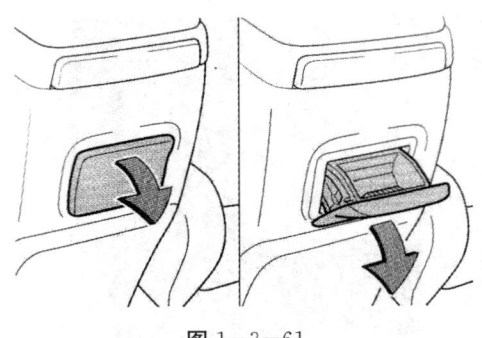

图 1-3-61

（3）点烟器在点火开关处于_____位置时可以工作。

A．LOCK　　　　B．ACC　　　　C．ON　　　　D．STRAT

四、总结归纳

1．简答题

（1）通过本次学习活动，您学到了什么？

_____

_____。

（2）通过本次学习活动，您掌握了哪些具体的知识点？请举例说明。

_____

_____。

2．填空题

（1）若发动机可以正常启动，则挡位显示器显示的挡位可能为_____挡。

（2）当挡位显示器显示的挡位为_____挡时，关闭点火开关，可以拔出钥匙。

（3）逐个换挡检查挡位指示灯，发现挡位显示器显示的挡位为_____挡时，伴随有蜂鸣提示音。

（4）关闭点火开关，按住_____释放按钮，可进行挡位的切换。

（5）如图 1-3-62 所示，结合维修手册内容将各挡位的功能填入表 1-3-11。

图 1-3-62

表 1-3-11

档 位	功 能
P	
R	
N	
3-D	
2	
L	

五、评价

1. 知识评价
（1）简述新车乘员舱检查的作业项目有哪些。
（2）简述电动雨刮的不同挡位及使用条件。
（3）简述点火开关在不同位置的具体功能是什么。
2. 技能及素养评价
技能及素养评价见"附表1　学习任务一评价表"。

学习活动 4　新车发动机机舱检查

活动名称	新车发动机机舱检查	建议学时	8
活动描述	在售出新车前，需要对车辆进行外观、性能的检查，确认新车是否满足交付要求。某汽车经销商授权销售服务公司对售前汽车进行质量检查，维修接待员接受了新车检查这项任务，准备对新车发动机机舱进行检查			
学习目标	（1）能正确识别发动机机舱内各部件的名称及位置，并叙述其功能。 （2）能列举新车发动机机舱检查的作业项目。 （3）能正确识别发动机机舱油、液加注口的位置，并能按照要求检查油量、液量。 （4）能检查"三滤"、蓄电池状态，检查油、液是否泄露，并保持发动机机舱的清洁。 （5）能掌握新车发动机机舱检查用工量具的使用方法和及注意事项。 （6）培养学生爱岗敬业的工作态度，树立正确的人生观和价值观			
关联知识技能要点	加强团队合作，与他人进行有效沟通			
学习准备	多媒体、互联网资源、其他设备等			

一、资讯

（1）新车发动机机舱检查的作业项目有哪些？每个项目的作业内容是什么？请将相应的内容填入表1-4-1。

表 1-4-1

项　目	作业内容

（2）打开发动机引擎盖的方法有哪些？
_____
_____。

（3）汽车传动系统常见的布置形式有 5 种，请查阅相关资料后补充表 1-4-2 的相关内容。

表 1-4-2

简　称	名　称	特　点
FF		
FR		
RR		
MR		
XWD		

（4）请根据自己的认识，列举出性能较好的 10 款发动机品牌，并对其排名。
_____
_____。

二、计划与决策

请以小组为单位，根据新车发动机机舱检查的要求确定所需要的检测仪器、工具，并对小组成员进行合理分工，制订详细的检查和维护计划。

（1）需要使用的检测仪器、工具。
_____
_____。

（2）小组成员的分工。
_____
_____。

（3）检查和维护计划。
_____
_____。

三、实施

1. 发动机机舱内元件、总成的检查

发动机机舱由哪些元件、总成构成，并简要说明，发动机机舱如图 1-4-1 所示。
_____
_____。

图 1-4-1

2. 目视检查发动机

拆除发动机罩盖，目视检查发动机及发动机机舱是否存在渗液、漏液等现象，外观是否完好。发动机机舱的主要检查管路包括_____。

3. 拓印发动机号码

拓印发动机号码，如图 1-4-2 所示。

图 1-4-2

（1）该发动机型号为_____。
（2）车辆识别号码（Vehicle Identification，VIN）为_____。

4. 检查蓄电池观察孔

蓄电池（图 1-4-3）观察孔的颜色分别代表什么？请填在相应的横线上。
（1）绿色代表_____。
（2）黑色代表_____。
（3）透明色代表_____。

汽车维护

图 1-4-3

5. 检查蓄电池电缆是否紧固

如图 1-4-4 所示，蓄电池桩头紧固力矩为_____；若蓄电池桩头被氧化、腐蚀，处理方法为_____。

图 1-4-4

小提示：

如果蓄电池正极线没有紧固，应首先断开蓄电池负极线以避免发生危险。

6. 检查熔丝继电器盒

检查熔丝继电器盒，正确填写各颜色保险丝对应的电流数值，如图 1-4-5 所示。

（1）_____色_____安培；
（2）_____色_____安培；
（3）_____色_____安培；
（4）_____色_____安培；
（5）_____色_____安培。

图 1-4-5

7. 检查搭铁线

如图1-4-6所示，为什么发动机有不止一条搭铁线？请将正确答案写在横线上。

图1-4-6

_____
_____。

8. 检查风窗清洗喷嘴

检查风窗清洗喷嘴的喷射角度及位置（必要时可对其进行调整），如图1-4-7所示。

图1-4-7

（1）风窗清洗喷嘴一般在_____。
（2）风窗清洗喷嘴的喷射角度是否合适？_____。
（3）若需调整风窗清洗喷嘴，使用的工具为_____。

小提示：

调整时注意不要损坏喷嘴。

9. 冷却液的检查

发动机冷态时检查冷却液液位，如图1-4-8所示。

（1）冷却液液位应在_____之间。

(2) 检查冷却液液位的办法为_____
_____。

(3) 更换冷却液的方法为_____。

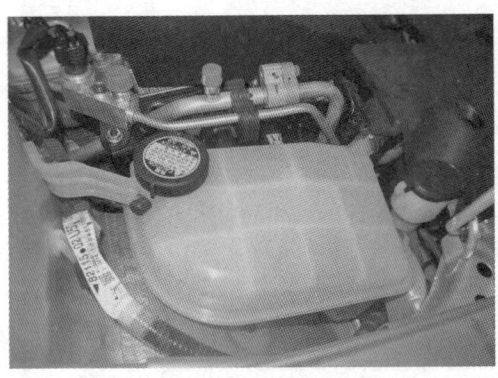

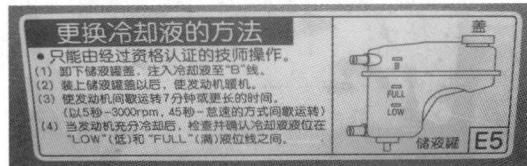

图 1-4-8

10. 检查雨刮水

如图 1-4-9 所示，雨刮水的正常液位应在_____。

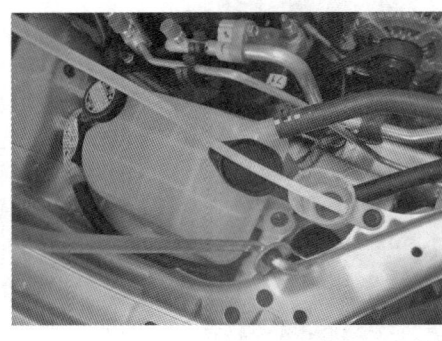 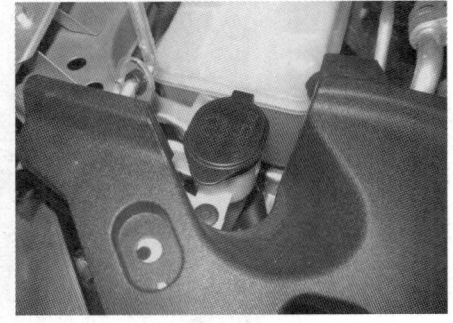

图 1-4-9

11. 检查发动机机油

(1) 发动机机油的作用是什么？请在正确的选项前打"√"。
　　□冷却　　□润滑　　□密封　　□清洗　　□防锈防蚀　　□减震缓冲　　□减磨

(2) 请将机油型号"10W-40"中数字、字母及其所对应的含义进行连线。

　　　　　　　　10　　　　　　　　冬季
　　　　　　　　W　　　　　　　　耐高温指标
　　　　　　　　40　　　　　　　　低温黏度指标

(3) 更换发动机机油前检查机油液位的原因是_____
_____。更换发动机机油后

检查液位的方法是_____
_____。

（4）如图 1-4-10 所示，A 点为机油油位上限，C 点为机油油位下限，B 点为适合的机油油位。

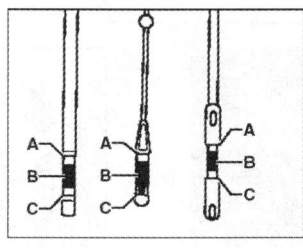

图 1-4-10

12. 检查自动变速箱主传动器

如图 1-4-11 所，检查自动变速箱油位前应做哪些准备工作？请将正确答案写在横线上。

_____
_____。

图 1-4-11

13. 检查空调管路

如图 1-4-12 所示，当空调处于制冷状态时，如何在观察窗内判断其工作状态是否正常？请将正确答案写在横线上。

_____
_____。

 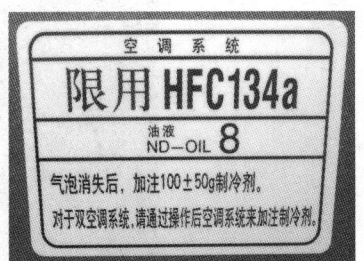

图 1-4-12

14. 检查、更换、储存制动液

如图 1-4-13 所示，请将检查、更换、储存制动液时需要遵守的安全规定写在横线上。

_____

_____。

 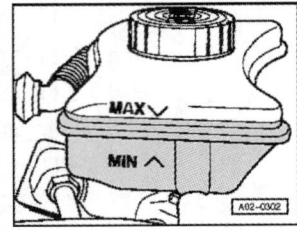

图 1-4-13

小提示：

制动液有毒且具有腐蚀性，因此禁止制动液与油漆表面相接触；制动液具有吸湿性，可从周围空气中吸收水分，因此，必须保证制动液罐具有良好的密封性。

15. 检查空气滤清器

空气滤清器的更换周期及更换里程分别为_____。

16. 检查发动机皮带

（1）发动机皮带的检查步骤为_____。

（2）如图 1-4-14 所示，图中标记处的螺栓起的作用是_____。

图 1-4-14

（3）如图 1-4-15 所示，图中标记处为_____。

图 1-4-15

17. 汽油发动机的点火系统
汽油发动机的点火系统的类型有_____
_____。

四、评价

1. 知识评价
(1) 简述冷却系统各部件的名称。
(2) 在什么情况下需要更换火花塞及自动变速箱油?
(3) 简述自动变速箱油的检查作业内容。
2. 技能及素养评价
技能及素养评价见"附表1 学习任务一评价表"。

学习活动 5 新车底盘检查

活动名称	新车底盘检查	建议学时	8
活动描述	在售出新车前,需要对车辆进行外观、性能的检查,确认新车是否满足交付要求。某汽车经销商授权销售服务公司对售前汽车进行质量检查,维修接待员接受了新车检查这项任务,准备对新车底盘进行检查			
学习目标	(1) 能简述新车底盘检查作业所使用的工量具及仪器设备的名称、种类、用途,并掌握正确的使用方法。 (2) 能正确填写新车底盘检查单,且检查单内容完整、外观整洁。 (3) 能按照新车底盘检查项目,在规定时间内对底盘的相关功能进行检查。 (4) 能简述新车底盘检查作业服务流程,并与相关人员有效沟通,反馈检查情况。 (5) 培养学生爱岗敬业的工作态度,树立正确的人生观和价值观			
关联知识 技能要点	加强合作,与他人进行有效沟通			
学习准备	多媒体、互联网资源、其他设备等			

一、资讯

(1) 汽车底盘由哪四大系统组成?各自的作用是什么?
_____
_____。

(2) 汽车轮胎分为哪几种类型?
_____
_____。

(3) 汽车悬架分为哪几种类型?
_____
_____。

二、计划与决策

请以小组为单位,根据新车底盘检查的要求确定所需要的工具,并对小组成员进行合理分工,制订详细的检查和维护计划。

(1) 需要使用的工具。

_____

_____。

(2) 小组成员的分工。

_____

_____。

(3) 检查和维护计划。

_____

_____。

三、实施

1. 新车底盘检查的准备工作

(1) 如图 1-5-1 所示,该车辆发动机的安装位置是_____,变速箱的安装位置是_____。该车辆的驱动形式是以下哪一种,请在正确的选项后打"√"。

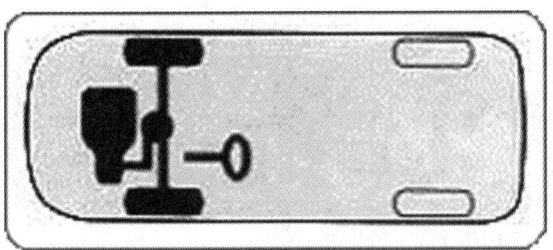

图 1-5-1

A. 前置前驱（   ）　　　　　B. 前置后驱（   ）
C. 后置后驱（   ）　　　　　D. 四轮驱动（   ）

(2) 如图 1-5-2 所示,该车辆前悬架为_____,后悬架为_____。

图 1-5-2

（3）如图1-5-3所示，该挡位操纵机构属于哪一种变速箱，请在正确的选项后打"√"。

图1-5-3

A．自动变速箱（　　）　　　　B．手动变速箱（　　）

（4）如图1-5-4所示，该挡位操纵机构属于哪一种变速箱，请在正确的选项后打"√"。

图1-5-4

A．自动变速箱（　　）　　　　B．手动变速箱（　　）

教学车辆采用_____变速箱。

（5）转向系统的作用是改变车辆的行驶方向。如图1-5-5所示，转向系统的组成包括_____。

图1-5-5

（6）如图1-5-6所示，该车辆的行车制动为_____，驻车制动为_____。

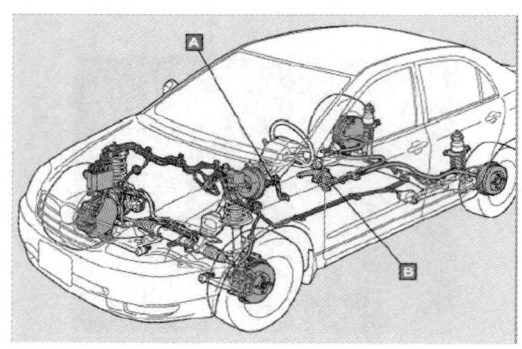

图 1-5-6

2. 检查新车轮胎

(1) 轮胎的作用是通过与路面的接触来_____车辆。

(2) 检查轮胎外部有无损坏、胎面花纹的深度，同时，注意是否需要调节轮胎气压并观察其旋转方向是否正确。

(3) 如图 1-5-7 所示，子午线轮胎_____的主要应用场合是_____。斜交轮胎_____的主要应用场合是_____。序号 1~5 分别为_____。

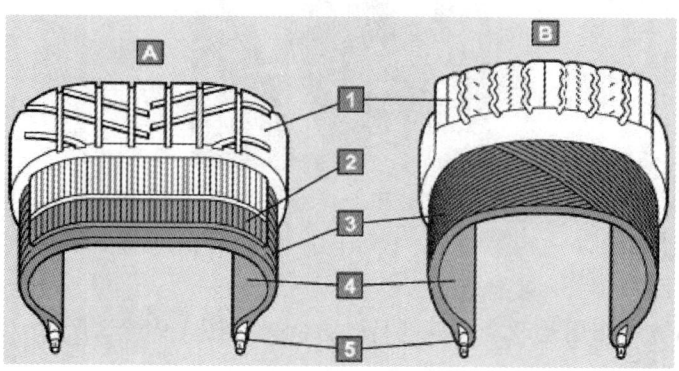

图 1-5-7

(4) 如图 1-5-8 所示，该轮胎的型号为_____。

图 1-5-8

（5）学会正确读取轮胎尺寸，请解释如图1—5—9所示轮胎编号所表达的含义。

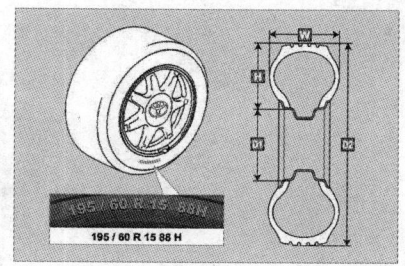

图1—5—9

（6）以教学车辆为例，该车辆前轮是_____制动器，检查内容有_____；后轮是_____制动器，检查内容有_____。

3. 检查新车底盘前部

（1）新车底盘前部的检查项目有_____
_____。

（2）检查新车底盘前部漏油、漏液的方法是_____
_____。

（3）以教学车辆为例，该车辆前悬架属于_____悬架系统，该系统的好处是_____。

（4）如图1—5—10所示，前半轴的检查方法是_____，前下摆臂的检查方法是_____。

图1—5—10

（5）填写新车交接检查表中关于底盘前部检查的内容。
_____
_____

4. 检查新车底盘后部

（1）以教学车辆为例，其后悬架属于_____悬架系统。该系统的好处是_____
_____。

（2）排气管（图1—5—11）的检查内容是_____。

图 1-5-11

(3) 排气管悬吊装置的检查内容是_____。

四、评价

1. 知识评价

(1) 底盘检查的重点有哪些？
(2) 汽车的驱动形式有哪些？
(3) 手动挡汽车和自动挡汽车的优点和缺点分别是什么？

2. 技能及素养评价

技能及素养评价见"附表1 学习任务一评价表"。

学习活动6　评价总结

活动名称	评价总结	建议学时	4
活动描述	通过任务学习和实践考核，展示小组学习成果，包括小组总结、个人总结、自我评价、小组评价及教师评价		
学习目标	(1) 能提炼学习成果，撰写小组总结报告。 (2) 能撰写个人学习总结报告、实习报告。 (3) 能制作总结 PPT。 (4) 能上讲台进行总结汇报。 (5) 能进行自评和互评，能对小组其他成员不足之处提出合理的建议		
关联知识 技能要点	(1) 通过总结、提炼，进行学习成果的展示。 (2) 总结报告的撰写。 (3) PPT 的制作。 (4) 实习报告的撰写。 (5) 汇报稿的撰写		
学习准备	计算机、多媒体、移动黑板及其他教学辅助设备		

评价总结活动记录单

一、小组学习成果展示

（1）本小组的学习成果主要体现在哪些方面？
_____
_____。

（2）其他小组的学习成果主要体现在哪些方面？
_____
_____。

二、小组总结

（1）本小组的优点有哪些？
_____
_____。

（2）本小组的缺点有哪些？
_____
_____。

三、个人总结

（1）个人在小组中的作用主要体现在哪些方面？
_____
_____。

（2）个人在小组中存在的不足有哪些？
_____
_____。

四、自我评价

请写出对自己的评价，并打分。
_____
_____。

五、小组评价

请记录下小组其他成员对你的评价和打分。
_____
_____。

六、教师评价

请记录下任课教师对你的评价和打分。

_____

_____ 。

附表1 学习任务一评价表

班　级：＿＿＿＿＿　　姓　名：＿＿＿＿＿　　　　　　学　号：＿＿＿＿＿

项　目	自我评价			小组评价			教师评价		
	9~10分	6~8分	1~5分	9~10分	6~8分	1~5分	9~10分	6~8分	1~5分
	占总评10%			占总评30%			占总评60%		
学习活动1									
学习活动2									
学习活动3									
学习活动4									
学习活动5									
协作精神									
纪律观念									
表达能力									
工作态度									
安全意识									
工匠精神									
任务总体表现									
小　计									
总　评									

任课教师：＿＿＿＿＿＿　　　年　　月　　日

学习任务二　汽车首次维护

【任务描述】

当汽车达到汽车生产企业要求的首次维护时间及公里数时，需要对其进行维护。维修厂前台接车确认后，开具首次维护工单。

【任务目标】

维护人员从班组长处接到任务，首先确认汽车的车况，再结合汽车生产企业的技术规范，确定维护项目、标准和作业流程。通过独立或小组合作的方式，按作业流程及规范对汽车的车况进行检查，并按汽车生产企业规定的维护项目和要求，完成对车身、发动机、底盘、电气设备等系统的维护作业，实施相应的清洁、检查、润滑、紧固、调整和更换等维护工作。维护作业完成并自检合格后，再交予班组长进行质量检验。维护人员在工作中应遵循现场工作管理规范的相关要求。

【素养要求】

需要在工作中将理论与实践相结合，立足本职工作，强化责任担当。培养学生耐心细致的工作作风、精益求精的工匠精神，使其树立正确的世界观、人生观、价值观，增强社会责任感。

【学时】

48 学时。

【工作流程与学习活动】

学习活动 1：认识汽车维护。
学习活动 2：蓄电池的检查与维护。
学习活动 3：汽车诊断仪的使用与维护周期的复位。
学习活动 4：灯光、仪表系统的检查。
学习活动 5：发动机机油的检查与更换。
学习活动 6：空气滤清器的清洁与更换。
学习活动 7：车轮的检查与维护。
学习活动 8：评价总结。

学生学习活动任务分配表

班　级		组　号		指导教师	
组　长		工位号			
组　员	姓　名		工位号	工作任务	
任务描述					

学习活动 1 认识汽车维护

活动名称	认识汽车维护	建议学时	4
活动描述	进入工位了解现场情况、认识设备、熟悉工作环境,通过查阅资料认识汽车维护工作		
学习目标	(1) 了解汽车维护的目的。 (2) 了解汽车维护的类型和作业内容。 (3) 熟悉汽车举升机的使用方法和注意事项。 (4) 了解汽车举升到不同位置的作业内容。 (5) 培养学生爱岗敬业的工作态度,树立正确的人生观和价值观		
关联知识 技能要点	(1) 国家相关标准。 (2) 汽车维护的分类		
学习准备	多媒体、互联网资源、其他设备等		

一、资 讯

(1) 汽车维护一般被通俗地称为_____。

(2)《汽车维护、检测、诊断技术规范》将汽车维护分为_____、_____和_____三类。

(3) 日常维护是以_____、_____和_____为作业中心内容,由_____负责执行。

(4) 一级维护是除日常维护作业内容外,以_____、_____、_____为作业中心内容,并检查有关_____、_____等安全部件,由_____负责执行。

(5) 二级维护是除一级维护作业内容外,以检查_____,调整_____、_____、_____等安全部件,并拆检轮胎,进行_____,检查和调整发动机工作状态和汽车排放相关系统,由_____负责执行。

(6) 车辆交付给客户后的维护一般分为_____和_____。

(7) 汽车的维护作业一般包_____、_____、_____、功能部件检查、_____、_____等内容。

二、计划与决策

请以小组为单位,根据汽车维护的要求确定所需要的工具,并对小组成员进行合理分工,制订详细的检查和维护计划。

(1) 需要使用的工具。

_____

_____。

(2) 小组成员的分工。
_____
_____。

(3) 检查和维护计划。
_____
_____。

三、实施

1. 举升机的使用

汽车举升机是用于汽车维修过程中举升汽车的设备，汽车行驶至举升机工位，通过人工操作可使汽车举升到一定的高度，便于对汽车进行维修。请认真观察举升机，并仔细阅读操作规程和注意事项。

(1) 举升机按立柱结构可分为_____，按驱动类型可分为
_____。

(2) 试描述举升机的电源开关、举升开关、下降开关和锁止开关的位置及使用方法。

①电源开关的位置及使用方法为_____。
②举升开关的位置及使用方法为_____。
③下降开关的位置及使用方法为_____。
④锁止开关的位置及使用方法为_____。

(3) 如何检查举升机是否锁止？
_____。

(4) 二次举升的操作事项有哪些？
_____。

2. 快速保养操作流程

(1) 灯光检查。记录检查结果为_____。

(2) 拔出机油尺，擦净刻度处的机油，再次插入后拔出检查油面所处位置。记录结果为_____。

(3) 汽车在地面时，需要进行的操作有_____
_____。

(4) 汽车离开地面时，需要进行的操作有_____
_____。

(5) 汽车举升至半人高时，需要进行的操作有_____
_____。

(6) 汽车举升至一人高时，需要进行的操作有_____
_____。

四、评价

1. 知识评价

（1）简述汽车维护的意义。
（2）简述汽车维护的类型和作业内容。
（3）简述汽车举升机的使用方法和注意事项。
（4）简述汽车举升到不同位置的作业内容。

2. 技能及素养评价

技能及素养评价见"附表2　学习任务二评价表"。

学习活动2　蓄电池的检查与维护

活动名称	蓄电池的检查与维护	建议学时	6
活动描述	请根据故障现象制订蓄电池的检查与维护计划，通过蓄电池检测仪、电流钳、万用表等设备对蓄电池进行检查，必要时对蓄电池进行充电或更换		
学习目标	（1）了解蓄电池的工作原理。 （2）掌握蓄电池检测仪的使用方法。 （3）掌握万用表、电流钳的使用方法。 （4）掌握充电机的使用方法。 （5）培养学生爱岗敬业的工作态度，树立正确的人生观和价值观		
关联知识技能要点	（1）汽车负极搭铁线的位置确认。 （2）轿车与货车的蓄电池对比。 （3）轿车的常规救援设备		
学习准备	多媒体、互联网资源、其他设备等		

一、资讯

（1）蓄电池的作用有_____、_____、_____、_____和_____。
（2）常用的汽车蓄电池有_____、_____、_____。
（3）汽车蓄电池的结构包括_____、_____、_____、_____和_____。电量正常的蓄电池，电解液的密度范围为_____。
（4）蓄电池的容量常用_____、_____、_____、_____等来表示。
（5）使用蓄电池检测仪时，一般可以检查_____、_____、_____等内容。
（6）蓄电池的充电方法有_____、_____和_____。
（7）蓄电池静态放电电流应该不大于_____。
（8）当蓄电池型号为6-QA-60G时，其含义为_____；当蓄电池型号为12V430A80min时，其含义为_____。

二、计划与决策

请以小组为单位,根据蓄电池的故障现象和任务要求,确定所需要的检测仪器、工具,并对小组成员进行合理分工,制订详细的检查和维护计划。

(1) 需要使用的检测仪器及工具。

_____

_____。

(2) 小组成员的分工。

_____

_____。

(3) 检查和维护计划。

_____

_____。

三、实 施

1. 故障的确认

做好车辆防护后,拧动点火开关至启动挡,观察发动机的运转状态。确认故障为_____。

2. 蓄电池的初步检查

(1) 打开引擎盖,观察并记录蓄电池的型号为_____,其含义为_____。

(2) 观察蓄电池"电眼"的颜色。

①当"电眼"颜色为_____时,说明_____。

②当"电眼"颜色为_____时,说明_____。

③当"电眼"颜色为_____时,说明_____。

(3) 观察蓄电池的外观,确认极柱_____(有/无)锈蚀,极柱_____(有/无)松动,导线连接处_____(有/无)破损断裂,电解液量_____(是/否)达到标准。查阅维修手册,确定极柱固定螺栓的拧紧力矩应为_____N·m。

3. 蓄电池参数的检查

(1) 关闭汽车的用电设备及点火开关,使用万用表检测蓄电池静态电压为_____V。

(2) 启动发动机,将发动机转速维持在 2000 r/min,使用万用表测量蓄电池电压为_____V。

(3) 使用蓄电池检测仪测量蓄电池静态电压为_____V,显示_____,说明_____。蓄电池启动电压为_____V,显示_____,说明_____。蓄电池充电电压为_____V,显示_____,说明_____。

4. 蓄电池的静态放电电流检测

关闭汽车的用电设备及点火开关,用电流钳测量蓄电池的静态放电电流,测量值为

＿＿＿＿＿＿＿mA，是否符合要求？＿＿＿＿＿＿。

通过上述检查，得出以下结论：

(1) ＿＿＿＿＿＿＿＿＿＿＿＿＿＿＿＿＿＿＿＿＿＿＿＿＿＿＿＿＿＿＿＿＿＿＿＿＿；

(2) ＿＿＿＿＿＿＿＿＿＿＿＿＿＿＿＿＿＿＿＿＿＿＿＿＿＿＿＿＿＿＿＿＿＿＿＿＿。

5. 蓄电池的充电

如果测试结果显示蓄电池电量不足，应对其充电，充电的操作要点如下：

(1) 充电夹钳与蓄电池的连接方法为＿＿＿＿＿＿＿；

(2) 充电电压选择＿＿＿＿＿＿＿V；

(3) 充电电流选择＿＿＿＿＿＿＿A；

(4) 蓄电池充满电的状态为＿＿＿＿＿＿＿。

四、检查

故障排除后，用蓄电池检测仪进行如下检查：

(1) 检查发动机能否正常启动：＿＿＿＿＿＿＿＿＿＿＿＿＿＿＿＿＿＿＿＿＿＿。

(2) 检查蓄电池静态电压：＿＿＿＿＿＿＿＿＿＿＿＿＿＿＿＿＿＿＿＿＿＿＿＿。

(3) 检查蓄电池充电电压：＿＿＿＿＿＿＿＿＿＿＿＿＿＿＿＿＿＿＿＿＿＿＿＿。

(4) 检查蓄电池固定情况：＿＿＿＿＿＿＿＿＿＿＿＿＿＿＿＿＿＿＿＿＿＿＿＿。

五、评价

1. 知识评价

(1) 简述蓄电池的作用。

(2) 正确表述教学用车配置的蓄电池型号所代表的含义。

(3) 简述蓄电池的检查和维护方法。

2. 技能及素养

技能及素养见"附表2 学习任务二评价表"。

学习活动3 汽车诊断仪的使用与维护周期的复位

活动名称	汽车诊断仪的使用与维护周期的复位	建议学时	6
活动描述	完成汽车维护作业后，使用汽车诊断仪进行汽车故障检查、清除故障码、维护周期清零、系统升级等作业		
学习目标	(1) 了解诊断接口的作用和位置。 (2) 了解保养周期提示灯的含义。 (3) 掌握汽车保养周期复位的操作方法。 (4) 培养学生爱岗敬业的工作态度，树立正确的人生观和价值观		
关联知识技能要点	(1) 诊断接口除了可与解码器相连接，部分外接导航仪、行车记录仪等设备也可以直接与该端口连接进行供电，能有效避免因再次接线可能引起的设备故障。 (2) 解码器可以对汽车的部分参数进行设定		
学习准备	多媒体、互联网资源、其他设备等		

一、资讯

(1) 汽车电子控制系统的故障自诊断功能是什么？
_____
_____。

(2) 请解释下列英文简称的含义。
①OBD：_____。
②DLC：_____。
③DTC：_____。

(3) 汽车诊断仪有哪些功能？
_____
_____。

(4) 保养周期提示灯的作用是什么？
_____
_____。

(5) 请画出保养提示灯的提示信息，并说明其含义。
_____
_____。

二、计划与决策

请以小组为单位，根据任务要求确定所需要的检测仪器、工具，并对小组成员进行合理分工，制订详细的检查和维护计划。

(1) 需要使用的检测仪器及工具。
_____
_____。

(2) 小组成员的分工。
_____
_____。

(3) 制订清除故障码的工作计划。
_____
_____。

(4) 制订一份汽车保养里程归零的工作计划。
_____
_____。

三、实施

1. 车辆防护
(1) 车辆的型号为_____。

（2）铺设的车辆防护设备包括＿＿＿＿＿＿＿＿＿＿＿＿＿＿＿＿＿＿＿＿＿＿＿。

2. 诊断接口的观察

诊断仪通过＿＿＿＿＿＿（诊断连接线/蓝牙）与汽车相连接。此时，点火开关处于＿＿＿＿＿＿。（注意：连接插头时注意梯形口的方向）

3. 启动诊断程序

选择车型为＿＿＿＿＿＿，车辆 VIN 码为＿＿＿＿＿＿。诊断仪主界面显示的电控系统有＿＿＿＿＿＿、＿＿＿＿＿＿、＿＿＿＿＿＿等，根据故障现象，选择进入的电控系统为＿＿＿＿＿＿。

4. 选择读取故障码

读取的故障码为＿＿＿＿＿＿，其故障描述为＿＿＿＿＿＿＿＿＿＿＿＿＿＿＿＿
＿＿＿＿＿＿＿＿＿＿＿＿＿＿＿＿＿＿＿＿＿＿＿＿＿＿＿＿＿＿＿＿＿＿＿＿＿。

5. 根据提示，检查相应的部件，排除故障

重新启动发动机，确认发动机故障灯是否熄灭。
＿＿＿＿＿＿＿＿＿＿＿＿＿＿＿＿＿＿＿＿＿＿＿＿＿＿＿＿＿＿＿＿＿＿＿＿＿
＿＿＿＿＿＿＿＿＿＿＿＿＿＿＿＿＿＿＿＿＿＿＿＿＿＿＿＿＿＿＿＿＿＿＿＿＿。

6. 再次检查

如果发动机故障灯仍然亮起，则重新检查，直至故障灯熄灭。
＿＿＿＿＿＿＿＿＿＿＿＿＿＿＿＿＿＿＿＿＿＿＿＿＿＿＿＿＿＿＿＿＿＿＿＿＿
＿＿＿＿＿＿＿＿＿＿＿＿＿＿＿＿＿＿＿＿＿＿＿＿＿＿＿＿＿＿＿＿＿＿＿＿＿。

7. 维护里程复位

（1）第一步操作为＿＿＿＿＿＿＿＿＿＿＿＿＿＿＿＿＿＿＿＿＿＿＿＿＿＿；
（2）第二步操作为＿＿＿＿＿＿＿＿＿＿＿＿＿＿＿＿＿＿＿＿＿＿＿＿＿＿；
（3）第三步操作为＿＿＿＿＿＿＿＿＿＿＿＿＿＿＿＿＿＿＿＿＿＿＿＿＿＿；
（4）最终诊断仪显示信息为＿＿＿＿＿＿＿＿＿＿＿＿＿＿＿＿＿＿＿＿＿＿
＿＿＿＿＿＿＿＿＿＿＿＿＿＿＿＿＿＿＿＿＿＿＿＿＿＿＿＿＿＿＿＿＿＿＿＿。

确认里程复位是否成功，需要重新启动汽车发动机，观察汽车仪表盘或通过诊断仪进入系统读取数据。如果仪表显示保养周期复位没有成功，则重复上一步骤，直至复位成功。

四、总结

通过执行上述工作计划，我们可以得出以下结论。

（1）汽车诊断接口的形状和针脚特点为＿＿＿＿＿＿＿＿＿＿＿＿＿＿＿＿＿
＿＿＿＿＿＿＿＿＿＿＿＿＿＿＿＿＿＿＿＿＿＿＿＿＿＿＿＿＿＿＿＿＿＿＿＿。

（2）查找汽车诊断接口应该遵循的顺序为＿＿＿＿＿＿＿＿＿＿＿＿＿＿＿＿
＿＿＿＿＿＿＿＿＿＿＿＿＿＿＿＿＿＿＿＿＿＿＿＿＿＿＿＿＿＿＿＿＿＿＿＿。

（3）汽车诊断仪的功能包括＿＿＿＿＿＿＿＿＿＿＿＿＿＿＿＿＿＿＿＿＿＿
＿＿＿＿＿＿＿＿＿＿＿＿＿＿＿＿＿＿＿＿＿＿＿＿＿＿＿＿＿＿＿＿＿＿＿＿。

（4）保养里程提示灯的显示为＿＿＿＿＿＿＿＿＿＿＿＿＿＿＿＿＿＿＿＿＿
＿＿＿＿＿＿＿＿＿＿＿＿＿＿＿＿＿＿＿＿＿＿＿＿＿＿＿＿＿＿＿＿＿＿＿＿。

(5) 保养里程提示信息为_____
_____。

五、评价

1. 知识评价
(1) 简述诊断接口的功能和特征。
(2) 指出诊断接口的位置。
(3) 简述诊断仪的功能。
(4) 指出保养周期提示灯的位置及功用。
2. 技能及素养
技能及素养见"附表2 学习任务二评价表"。

学习活动 4 灯光、仪表系统的检查

活动名称	灯光、仪表系统的检查	建议学时	6
活动描述	通过小组合作的方式检查车灯的亮度及闪烁频率是否一致，检查仪表系统是否正常		
学习目标	(1) 了解各种指示灯的含义及作用。 (2) 掌握点亮部分指示灯的方法。 (3) 掌握汽车灯光的使用方法。 (4) 培养学生爱岗敬业的工作态度，树立正确的人生观和价值观		
关联知识 技能要点	(1) 了解警告指示灯的含义及可能出现故障的原因。 (2) 了解车内各灯光开关、旋钮的作用		
学习准备	多媒体、互联网资源、其他设备等		

一、资讯

(1) 灯光系统和仪表系统的作用是什么？
_____
_____
_____。

(2) 参照车辆使用说明书，找出图 2-4-1 所示的警告指示灯，并说明当指示灯"亮起"后的处理方法及灯光颜色所代表的含义。
_____
_____
_____。

图 2-4-1

二、计划与决策

请以小组为单位，根据任务要求确定所需要的检测仪器、工具，并对小组成员进行合理分工，制订详细的检查和维护计划。

（1）需要使用的检测仪器、专用工具、常用工具及易耗件。
_____
_____。

（2）小组成员的分工。
_____
_____。

（3）以检查与更换 2013 款桑塔纳轿车远光灯为例，制订相关工作计划。
_____
_____。

三、实施

1. 车辆登记

车辆识别代码（VIN）为_____，车型为_____，发动机型号为_____，生产时间为_____，行驶里程为_____ km。

2. 车辆防护

铺设的车辆防护设备包括_____。

3. 灯光系统认识

参照图 2-4-2，根据教学用车的装备填写车灯的种类，了解前照灯和尾灯的组成。

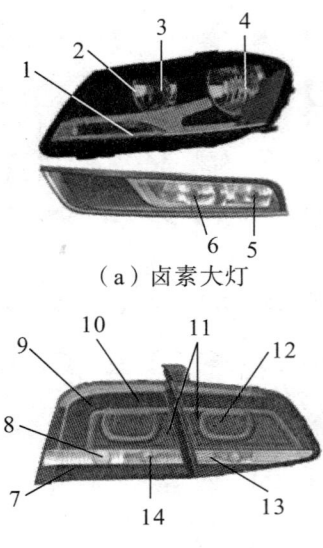

（a）卤素大灯

（b）普通尾灯（卤素灯泡）

图 2-4-2

图中 1：_____；
图中 2：_____；
图中 3：_____；
图中 4：_____；
图中 5：_____；
图中 6：_____；
图中 7：_____；
图中 8：_____；
图中 9：_____；
图中 10：_____；
图中 11：_____；
图中 12：_____；
图中 13：_____；
图中 14：_____。

4．灯光开关的使用

正确写出如图 2-4-3 所示灯光开关的含义及应用方法。

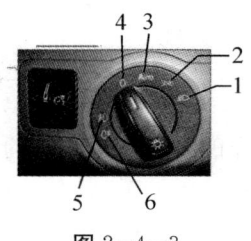

图 2-4-3

图中 1：_____；
图中 2：_____；
图中 3：_____；
图中 4：_____；
图中 5：_____；
图中 6：_____。

5. 车辆灯光的检查

通过对全车灯光的检查，保证照明、信号及警告灯处于正常状态，并做好记录。

(1) 检查前部灯光是否正常：_____。
(2) 检查后部灯光是否正常：_____。
(3) 检查车内灯光是否正常：_____。

6. 远光灯亮度的处理

查找电路图，分析远光灯亮度不足的主要原因，画出远光灯控制简图。

7. 前照灯的拆卸

参照维修手册拆卸前照灯。拆卸的步骤及要点：

(1) _____；
(2) _____；
(3) _____；
(4) _____。

8. 观察前照灯

前照灯的类型为_____。

9. 更换发生故障的零件

(1) 灯泡是否需要更换？_____。
(2) 保险丝是否需要更换？_____。
(3) 继电器是否需要更换？_____。

10. 安装前照灯总成

安装前照灯总成的步骤及要点：

(1) _____；
(2) _____；
(3) _____；
(4) _____。

11. 总结

总结故障排除思路。

四、检查

(1) 检查零件是否安装到指定位置。_____。
(2) 检查车辆灯光故障是否解决。_____。

五、评价

1. 知识评价

(1) 简述灯光系统的作用与组成部分。
(2) 简述 2013 款桑塔纳轿车灯光的使用方法。
(3) 简述拆装前组合大灯的操作要点及注意事项。

2. 技能及素养评价

技能及素养评价见"附表 2　学习任务二评价表"。

学习活动 5　发动机机油的检查与更换

活动名称	发动机机油的检查与更换	建议学时	8
活动描述	请根据发动机机油的检查与维护计划,对发动机机油油位和品质进行检查,必要时更换机油		
学习目标	(1) 了解发动机机油的分类。 (2) 掌握检查发动机机油油位和品质的方法。 (3) 掌握发动机机油的更换方法。 (4) 培养学生爱岗敬业的工作态度,树立正确的人生观和价值观		
关联知识 技能要点	(1) 发动机机油与齿轮油有什么区别? (2) 遇到紧急情况时可以使用什么油液临时代替机油		
学习准备	多媒体、互联网资源、其他设备等		

一、资讯

(1) 发动机机油的种类有_____和_____。
(2) 发动机机油的作用是_____、_____、_____、_____和_____。
(3) 发动机机油的性能要求为_____、_____、_____、_____、_____和_____。
(4) 发动机机油的更换周期为_____。
(5) SAE 的黏度分类法为_____、_____。
(6) 润滑系统的组成为_____、_____、_____、_____、_____、_____。
(7) 发动机机油的润滑方式为_____、_____、_____。

(8) 油泵分为_____和_____两种。

二、计划与决策

请以小组为单位，根据任务要求确定所需要的工具，并对小组成员进行合理分工，制订详细的检查和维护计划。

(1) 需要使用的工具。

_____

_____

_____

_____。

(2) 小组成员的分工。

_____

_____

_____

_____。

(3) 检查和维护计划。

_____

_____

_____

_____。

三、实施

1. 发动机机油的初步检查

(1) 做好车辆防护后打开点火开关，将发动机怠速运转 3~5 min。此时，注意观察水温表数值的变化，当水温达到_____时，关闭点火开关，停止发动机运转。拆下发动机装饰罩，旋下机油加注盖之前，要清除加注口周围的脏污。

(2) 拔出机油尺，用干净的抹布擦净机油尺上的机油，再次插入机油尺并推到底，重新拔出机油尺后读出机油油位。此时注意机油尺的正反两面都应该观察。查看油位是否在机油尺的_____和_____之间。观察机油的透明度，色泽通透则可以继续使用，若色泽发黑、闻起来带有酸味则需要_____。

(3) 检查气门罩垫、加油口、曲轴前油封等处是否存在_____现象。

2. 机油型号的识别

(1) 准备的机油品牌为_____。

(2) 机油型号为_____。

(3) 该型号表示的含义为_____。

3. 机油的更换

(1) 操作举升机将车辆举升到目标高度，可靠停驻以后，确认_____，方可进入车下作业。

(2) 拆卸发动机下护板。

(3) 将废机油收集器置于发动机油底壳放油螺栓的正下方，使用扭矩扳手和_____梅花套筒拧松_____，然后用手缓缓旋出放油螺栓，让机油流入废机油收集器内。旋出时要稍用力向上推放油螺栓，待螺纹全部旋出后，再急速移开放油螺栓。

(4) 检查放油螺栓是否损坏，若发生断裂要及时进行更换。同时，使用棉纱清理放油螺栓上吸附的金属屑。

(5) 使用扭矩扳手、接杆、机油滤清器专用套筒拧松_____，然后用手旋下后放入废件回收桶中。

(6) 当油底壳的排油孔不再滴油时，用手旋入放油螺栓，严禁使用_____旋入。

(7) 使用扭矩扳手和梅花套筒拧紧放油螺栓，拧紧力矩为_____。机油滤清器的拧紧力矩不宜过大，以免损坏密封垫圈，按规定要求拧紧即可。

(8) 安装机油滤清器时，应该在密封圈上均匀涂抹一薄层的_____。

(9) 用棉纱擦净放油螺栓、油底壳、机油滤清器上的油迹。

(10) 操作举升机，将车辆平稳降落到地面。

(11) 对准发动机的加油口，稍微倾斜机油桶，将机油缓缓倒入发动机内。当加注量接近机油桶容量（4 L）的3/4时，停止加注。_____min 后，拔出机油尺擦净刻度处机油，再次插入后拔出检查油面高度，应位于机油尺_____的位置。若油量不足再进行添加，不允许液面_____上刻度线。

4. 检查机油有无渗漏

(1) 机油加注完毕后旋紧加注盖，启动发动机并保持运转_____min，关闭点火开关。

(2) 拔出机油尺擦净刻度处机油，再次插入后拔出检查油面高度。油面高度应位于机油尺上下刻度线中间偏上的位置；位置偏下时，则应_____适量机油；高于上刻度线，应_____适量机油。

(3) 操作举升机将车辆举升到目标高度，可靠停驻。检查放油螺栓、机油滤清器等处是否_____，如有_____，应立即修复。

四、评价

1. 知识评价

(1) 简述发动机机油的作用。

(2) 简述机油型号"5W－30"的含义。

(3) 简述发动机机油的检查和更换方法。

2. 技能及素养评价

技能及素养见"附表2 学习任务二评价表"。

学习任务二　汽车首次维护

学习活动 6　空气滤清器的清洁与更换

活动名称	空气滤清器的清洁与更换	建议学时	6
活动描述	请根据故障现象制订空气滤清器的清洁与更换计划，对空气滤清器进行清洁或者更换			
学习目标	(1) 了解发动机进气系统的组成。 (2) 了解空气滤清器的分类及作用。 (3) 掌握空气滤清器的更换流程及方法。 (4) 培养学生爱岗敬业的工作态度，树立正确的人生观和价值观			
关联知识 技能要点	(1) 不同厂商的空气滤清器形状、大小都一样吗？ (2) 除了空气滤清器，"三滤"中的其他"两滤"是什么？			
学习准备	多媒体、互联网资源、其他设备等			

一、资讯

(1) 发动机进气系统的组成包括_____、_____、_____、_____、_____等。

(2) 空气滤清器的类型有_____、_____。

(3) 如何判断空气滤清器是否需要更换？
_____
_____。

(4) 空气滤清器如果堵塞比较严重，汽车会发生什么故障？
_____
_____。

(5) 更换空气滤清器的周期一般是_____。

二、计划与决策

请以小组为单位，根据故障现象和任务要求确定所需要的检测仪器、工具，并对小组成员进行合理分工，制订详细的检查和维护计划。

(1) 需要使用的检测仪器、工具。
_____
_____。

(2) 小组成员的分工。
_____
_____。

(3) 空气滤清器的清洁与更换计划。
_____
_____。

三、实施

1. 车辆登记

车辆识别代码（VIN）为_____，车型为_____，发动机型号为_____，生产时间为_____，行驶里程为_____km。

2. 车辆防护

铺设的车辆防护设备包括_____。

3. 空气进气口的位置

观察空气进气口的位置，一般应在_____。

4. 空气滤清器的安装位置

观察空气滤清器的安装位置，一般应在_____
_____
_____。

5. 车辆故障的确认

(1) 发动机是否存在怠速抖动？_____。

(2) 汽车是否出现加速无力？_____。

6. 拆卸空气滤清器

拆卸空气滤清器步骤及要点：

(1) _____；

(2) _____；

(3) _____；

(4) _____。

7. 空气滤清器的类型

空气滤清器的类型为_____。检查空气滤清器是否有尘土、阻塞或破裂，判断是否需要清洁或是更换空气滤清器。

(1) 外观：_____。

(2) 是否需要清洁？_____。

(3) 是否需要更换？_____。

8. 清洁空气滤清器

如果不需要更换，如何清洁空气滤清器？
_____
_____
_____。

9. 安装空气滤清器

安装清洗后的或新的空气滤清器的步骤及要点有：

(1) _____；

(2) _____；

(3) _____。

四、检查

空气滤清器清洁、更换完毕后,主要检查以下两点。
(1) 检查各零件是否安装到位。
_____。
(2) 检查车辆怠速抖动、加速无力等故障是否已经消除。
_____。

五、评价

1. 知识评价
(1) 简述空气滤清器的作用。
(2) 结合实车简述发动机进气系统的组成及作用。
(3) 简述清洁、更换空气滤清器的要点及注意事项。
2. 技能及素养评价
技能及素养评价见"附表 2 学习任务二评价表"。

学习活动 7 车轮的检查与维护

活动名称	车轮的检查与维护	建议学时	8
活动描述	请根据故障现象制订车轮的检查与维护工作计划,对车轮轮胎进行检查,必要时对轮胎进行拆解和更换			
学习目标	(1) 了解子午线轮胎的特点。 (2) 掌握轮胎更换的步骤和方法。 (3) 掌握轮胎拆装机的使用方法。 (4) 培养学生爱岗敬业的工作态度,树立正确的人生观和价值观			
关联知识 技能要点	(1) 普通斜交轮胎的特点是什么? (2) 当轮胎被刺穿后,热补和冷补的区别是什么?			
学习准备	多媒体、互联网资源、其他设备等			

一、资讯

(1) 轮胎的作用和结构是什么?
_____
_____。

(2) 轮胎的类型与规格有哪些?
_____
_____。

(3) 子午线轮胎的优点是什么？
_____
_____。

(4) 轮胎规格"195/65R19 88H 2921"的含义是什么？
_____
_____。

二、计划与决策

请以小组为单位，根据任务要求确定所需要的检测仪器、工具，并对小组成员进行合理分工，制订详细的检查和维护计划。

(1) 需要使用的检测仪器、工具。
_____
_____。

(2) 小组成员的分工。
_____
_____。

(3) 通过汽车轮胎的磨损程度，制订汽车轮胎维护的工作计划。
_____
_____。

三、实施

1. 车辆防护
(1) 车辆的型号为_____。
(2) 铺设的车辆防护设备包括_____。
2. 轮胎的分类
(1) 按轮胎的压力可分为_____
_____。
(2) 按轮胎的花纹可分为_____
_____。
(3) 按有无内胎可分为_____。
(4) 按帘布层的排列方式可分为_____。
3. 检查轮胎状态
轮胎的状态为_____。
4. 胎纹深度最小值
胎纹深度的最小值为_____。
5. 轮胎充气压力数值
轮胎充气压力数值为_____。
左前胎：_____；右前胎：_____；左后胎：_____

_____；右后胎：_____。

6. 拆卸轮胎的步骤

拆卸轮胎的步骤为_____
_____。

7. 安装轮胎的步骤

安装轮胎的步骤为_____
_____。

8. 轮胎拆装机

使用轮胎拆装机的安全注意事项为_____
_____。

9. 动平衡机

（1）现场设备为_____。

（2）常用铅块的重量为_____
_____。

（3）铅块分为_____和_____两种。其中，_____对应的是铸铁钢圈，____
____对应的是铝合金钢圈。

（4）动平衡机的操作步骤：

① _____；
② _____；
③ _____；
④ _____；
⑤ _____；
⑥ _____。

四、总结

（1）轮胎磨损状态与四轮定位参数之间的关系是什么？
_____
_____
_____。

（2）保护轮胎压力传感器的方法是什么？
_____
_____
_____。

（3）使用轮胎专用工具的注意事项有哪些？
_____
_____
_____。

五、评价

1. 知识评价
(1) 子午线轮胎的优缺点分别是什么？
(2) 更换轮胎的操作步骤是什么？
(3) 更换轮胎的安全注意事项有哪些？
2. 技能及素养评价
技能及素养评价见"附表2　学习任务二评价表"。

学习活动 8　评价总结

活动名称	评价总结	建议学时	4
活动描述	通过任务学习和实践考核，展示小组学习成果，包括小组总结、个人总结、自我评价、小组评价及教师评价		
学习目标	(1) 能提炼学习成果，撰写小组总结报告。 (2) 能撰写个人学习总结报告、实习报告。 (3) 能制作总结PPT。 (4) 能上讲台进行总结汇报。 (5) 能进行自评和互评，能对小组其他成员不足之处提出合理的建议		
关联知识 技能要点	(1) 通过总结、提炼，进行学习成果的展示。 (2) 总结报告的撰写。 (3) PPT的制作。 (4) 实习报告的撰写。 (5) 汇报稿的撰写		
学习准备	计算机、多媒体、移动黑板及其他教学辅助设备		

评价总结活动记录单

一、小组学习成果展示

(1) 自己所在小组的学习成果主要体现在哪些方面？
_____
_____

(2) 其他小组的学习成果主要体现在哪些方面？
_____
_____

二、小组总结

（1）自己所在小组的优点有哪些？
_____
_____。

（2）自己所在小组的缺点有哪些？
_____
_____

三、个人总结

（1）个人在小组中的作用主要体现在哪些方面？
_____
_____。

（2）个人在小组中存在的不足有哪些？
_____
_____。

四、自我评价

请写出对自己的评价，并打分。
_____
_____。

五、小组评价

请记录下小组其他成员对你的评价和打分。
_____
_____。

六、教师评价

请记录下任课教师对你的评价和打分。
_____
_____。

附表2 学习任务二评价表

班　级：　　　　　姓　名：　　　　　　　　　　　　　学　号：

项　目	自我评价			小组评价			教师评价		
	9~10分	6~8分	1~5分	9~10分	6~8分	1~5分	9~10分	6~8分	1~5分
	占总评10%			占总评30%			占总评60%		
学习活动1									
学习活动2									
学习活动3									
学习活动4									
学习活动5									
学习活动6									
学习活动7									
协作精神									
纪律观念									
表达能力									
工作态度									
安全意识									
工匠精神									
任务总体表现									
小　计									
总　评									

任课教师：　　　　　　　　年　　月　　日

学习任务三　汽车 6 万公里维护

【任务描述】

当汽车达到汽车生产企业要求的公里数及时间时，需要对其进行定期维护。维修厂前台接车确认后，开具了 6 万公里定期维护工单。

【任务目标】

维护人员从班组长处接到任务，结合厂家技术规范要求，确定维护项目、标准和作业流程。维护人员按作业流程及规范对车身、发动机、底盘、电气设备等系统实施相应的清洁、检查、润滑、紧固和调整等维护工作。维护作业完成并自检合格后，交予班组长进行质量检验。维护人员在工作中应遵循现场工作管理规范的相关要求。

【素养要求】

需要在工作中坚持将理论与实践相结合，立足本职工作，强化责任担当。培养学生耐心细致的工作作风、精益求精的工匠精神，使其树立正确的世界观、人生观、价值观，增强社会责任感。

【学时】

66 学时。

【工作流程与学习活动】

学习活动 1：雨刮片的检查与更换。
学习活动 2：冷却液的检查与更换。
学习活动 3：电子节气门的清洗。
学习活动 4：火花塞的检查与更换。
学习活动 5：DSG 变速器油（齿轮油）的检查与更换。
学习活动 6：制动器的检查与维护。
学习活动 7：制动液的检查与更换。
学习活动 8：汽车底盘其他系统维护。
学习活动 9：评价总结。

学生学习活动任务分配表

班　级		组　号		指导教师	
组　长		工位号			
组　员	姓　名		工位号		工作任务

任务描述

学习活动 1　雨刮片的检查与更换

活动名称	雨刮片的检查与更换	建议学时	6
活动描述	一位客户到店，表示汽车雨刮器出现异响、刮拭效果不佳，导致前挡风玻璃模糊，影响行车视线。经前台接车确认后，开具了雨刮器维修工单		
学习目标	(1) 了解雨刮器的作用。 (2) 掌握雨刮器喷射位置的调整方法。 (3) 掌握冰点仪的使用方法，掌握雨刮片的更换方法。 (4) 培养学生爱岗敬业的工作态度，树立正确的人生观和价值观		
关联知识 技能要点	(1) 除测试储液罐清洗液和冷却液的冰点，冰点仪还可以对其他油液进行检测。 (2) 为什么不宜直接加自来水到玻璃水储液罐中		
学习准备	多媒体、互联网资源、其他设备等		

一、资讯

(1) 汽车雨刮的主要作用是什么？
_____
_____
_____。

(2) 汽车雨刮按结构分为有骨雨刮和无骨雨刮两类。
①如图 3-1-1 所示，有骨雨刮是指_____。
②如图 3-1-2 所示，无骨雨刮是指_____。

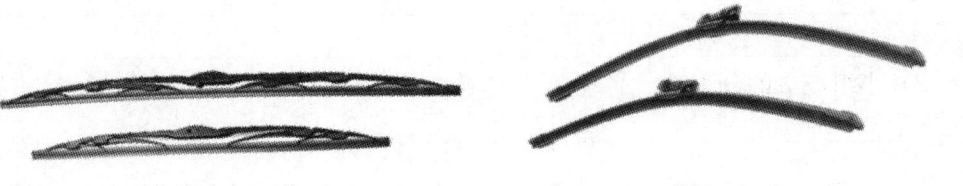

图 3-1-1　　　　　　　　　　　　图 3-1-2

(3) 汽车风窗雨刮器因驱动装置不同，分为_____、_____和_____三种，目前广泛使用的是_____。

(4) 电动雨刮器主要由_____、_____、_____、连杆、摆杆和_____等组成。

(5) 如图 3-1-3 所示，汽车上的雨刮器通常有 5 个挡位，它们分别是_____、_____、_____、_____和_____，部分车辆还有后雨刮器。雨刮器的挡位分别对应不同的工作情况，请在下方的横线处完成相应挡位的功能叙述。

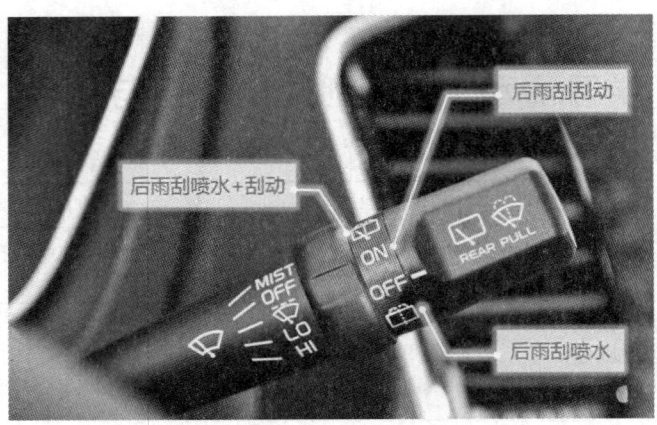

图 3-1-3

① _____；
② _____；
③ _____；
④ _____；
⑤ _____。

二、计划与决策

请以小组为单位，根据任务要求确定所需要的仪器、工具，并对小组成员进行合理分工，制订详细的检查和维护计划。

（1）需要使用的仪器、工具。

_____
_____
_____。

（2）小组成员的分工。

_____
_____
_____。

（3）检查和维护计划。

_____
_____
_____
_____。

三、实施

1. 车辆防护

（1）车辆的型号为_____。

（2）铺设的车辆防护设备包括_____。

2. 检查储液罐清洗液液位

(1) 打开发动机舱盖并安全支撑，用配有的测量尺或者手电筒检查清洗液液位。

(2) 为什么不能直接添加自来水？请将原因写在横线上。

_____。

(3) 根据使用环境的不同，市面上的清洗液还有不同的型号，可使用_____对清洗液的冰点进行检测，如图3－1－4所示。经过检测，实训车辆的清洗液冰点为_____。

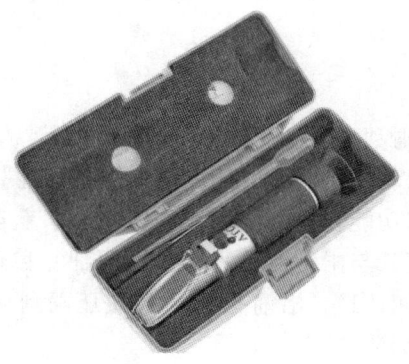

图3－1－4

3. 雨刮器性能检测

因检测需要通电，故应启动汽车发动机，否则容易造成汽车蓄电池缺电。同时，检测时应做好相关安全防护措施。

(1) 如图3－1－5所示，检查喷射功能为_____（正常/不正常），检查喷射压力为_____（正常/不正常）。

(2) 如图3－1－6所示，检查雨刮器联动功能是否正常_____（正常/不正常）。

(3) 不同车型清洗喷嘴的位置可能存在差异，但一般在_____和_____。

(4) 检查喷射孔是否通畅，发生堵塞时可清洁喷射孔，如图3－1－7所示。

图3－1－5

图3－1－6

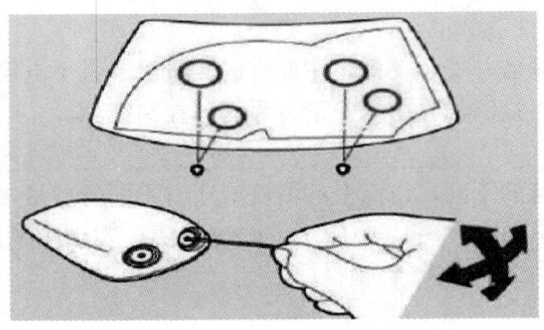

图 3-1-7

4. 更换雨刮片

以 2013 款桑塔纳轿车雨刮片为例,如图 3-1-8 所示。

(1) 拆卸雨刮片。在发动机机舱盖关闭的情况下,短暂打开再关闭点火开关,将雨刮器拨杆下移到接触式雨刮功能。顺着雨刮器的方向,向上自然抬起雨刮臂使其远离车身,再向后倾斜雨刮片,使其与雨刮器臂垂直。在雨刮片和雨刮臂连接处找到卡扣,按压雨刮片支架"2"上的卡扣"1",沿箭头 A 方向按压雨刮片,沿箭头 B 方向选择雨刮片支架"2"并从上取下雨刮臂"3"。

(2) 安装。安装时,将雨刮片支架"2"推到雨刮臂"3"上的卡扣处,小心地将雨刮臂放回到玻璃上,打开点火开关并操作雨刮器拨杆,使雨刮器回到静止位置,再次关闭点火开关。在安装时要注意不要混装驾驶员侧和前乘客侧的雨刮片。

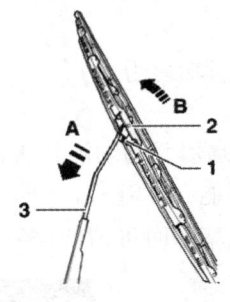

图 3-1-8

四、评价

1. 知识评价

(1) 简述雨刮器的作用。

(2) 简述雨刮器不同挡位的功能。

(3) 简述如何更换雨刮片。

2. 技能及素养评价

技能及素养评价见"附表 3 学习任务三评价表"。

学习活动 2　冷却液的检查与更换

活动名称	冷却液的检查与更换	建议学时	8
活动描述	以 2013 款桑塔纳轿车为例，根据冷却液的检查与更换计划，对冷却液系统和液位进行检查，必要时对冷却液进行更换		
学习目标	(1) 了解冷却液的作用。 (2) 掌握冷却液液位的检查，冷却液的密封检测方法。 (3) 掌握冷却液的排放和加注方法。 (4) 培养学生爱岗敬业的工作态度，树立正确的人生观和价值观		
关联知识技能要点	(1) 如何用冰点仪检测冷却液的冰点。 (2) 如何做好防烫伤措施		
学习准备	多媒体、互联网资源、其他设备等		

一、资讯

(1) 该款汽车只能使用"G12++"冷却液添加剂，识别标记为_____。

(2) 绝对_____将"G12++"和其他冷却液添加剂混合。

(3) 如果冷却液膨胀罐中的液体是_____色，则表示"G12++"已与其他冷却液混合了，在这种情况下必须更换冷却液。

(4) 冷却液除了可以防止水箱冰冻和腐蚀损坏、结垢，还能提高沸腾温度。因此，冷却系统务必全年加注符合要求的冷却液。

(5) 禁止使用以磷酸盐和硝酸盐为防腐剂的冷却液。

(6) 发动机高负荷运转时，冷却液的沸点_____有助于保证发动机的运行安全。

(7) 冷却液浓度至少要达 50%（防冻能力达到−35℃）且不应超过 60%（防冻能力达到−50℃）。否则防冻能力和冷却效率都会降低。

(8) 必须保证防冻温度最低为_____℃（在极地气候的地方最低为_____℃）。

(9) 即使在气温较高时也不允许添加_____来降低冷却液浓度。冷却液添加剂的比例至少为 50%。如果出于气候原因需要提高防冻能力，可适当提高"G12++"的比例。

(10) 如果更换了散热器、热交换器、气缸盖或气缸密封件，则必须更换冷却液。

二、计划与决策

请以小组为单位，根据任务要求确定所需要的工具，并对小组成员进行合理分工，制订详细的检查和维护计划。

(1) 需要使用的工具。

_____

_____

_____。

（2）小组成员的分工。
_____
_____。

（3）检查和维护计划。
_____
_____
_____。

三、实施

1. 发动机冷却液的基础知识

（1）发动机冷却液由_____、_____、_____、_____等组成。

（2）发动机冷却液按防冻剂成分不同可分为_____、_____、_____。

（3）发动机冷却液的作用有_____、_____、_____、_____。

（4）发动机冷却液的更换周期为_____。

（5）发动机冷却液按冰点分为_____
_____。

2. 冷却系统密封性检测

（1）冷却系统的连接软管是用弹簧卡箍紧固的，维修时可用符合标准的弹簧卡箍固定所有的软管连接。安装时要保证冷却液软管无应力，不与其他的部件接触。

（2）打开冷却液膨胀罐盖，将冷却系统检测设备 SVW 1274 连同冷却系统压力检测设备的接头 SVW 1274/8 安装在冷却液膨胀罐上，用检测设备的手动泵产生一个约_____bar 的压力，如图 3-2-1 所示。如果压力_____，请查找泄漏点并将故障排除。

（3）检查膨胀水箱盖的安全性。将冷却系统检测设备 SVW 1274 连同冷却系统检测设备的接头 SVW 1274/9 安装在冷却液膨胀罐盖上。按动手动泵，膨胀罐盖中的安全阀开启正压力为_____bar。当冷却系统检测设备上的手动泵压力超过_____bar 时，安全阀_____。若手动泵压力表没有下降，则必须更换膨胀罐盖，如图 3-2-2 所示。

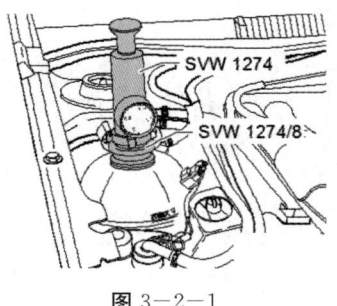

图 3-2-1

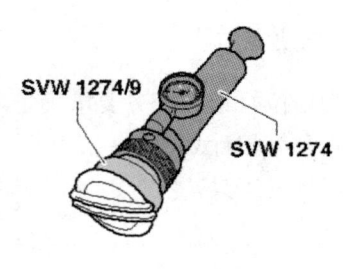

图 3-2-2

小提示：

当发动机达到工作温度时，冷却系统处于过压状态，可将冷却液膨胀罐盖用抹布盖住并小心地打开以消除过压。冷却液膨胀罐盖打开时蒸汽可能会溢出，必须佩戴防护眼镜、穿防护衣服，以免造成烫伤和人身伤害。

3. 冷却液的排放

排出的冷却液应收集到干净的容器内，以便再次使用和处理。冷却液的排放方法和步骤如下：

（1）打开冷却液膨胀罐盖。

（2）松开快速接头和螺栓，取下隔音罩。

（3）将集液盘置于发动机下，拔出底部冷却液卡箍，从散热器上拆下冷却液软管。也可拆下保险杠及增压空气冷却器前部的导风罩，在_____处排放冷却液，必要时可使用辅助软管。

（4）拆下机油冷却器下部的冷却液软管，排掉剩余的冷却液。

4. 冷却液的加注

冷却系统应加注专用的冷却液。不同型号的冷却液_____，否则将严重损坏发动机。如果加注失误，应先冲洗冷却系统再加入新的冷却液。冲洗时可加入干净水，待发动机运转约_____min，这样可排尽旧冷却液。

（1）使用冷却系统加注装置 VAS 6096 添加冷却液，如图 3-2-3 所示。

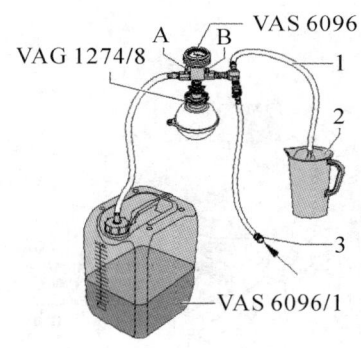

图 3-2-3

①将冷却液加注到冷却液罐 VAS 6096/1 中。

②将冷却检测设备的接头 VAG 1274/8 拧装在冷却液补偿罐上。

③将冷却系统加注装置 VAS 6096 安装在接头 VAG 1274/8 上。

④将排气软管导入一个小的容器内，收集排放空气中携带的少量冷却液。

⑤将拉杆横向流通方向旋转，关闭阀门。

⑥连接压缩空气。压缩空气的压力要求：_____。向流通方向旋转拉杆，打开阀门，吸入式喷射泵在冷却系统内产生真空，显示仪表的指针必须位于绿色区域内。此时向流通方向旋转拉杆，短暂打开阀门，冷却系统加注装置 VAS 6096 的冷却液补偿罐软管内充满冷却液，如图 3-2-4 所示。

⑦加注冷却液到膨胀罐的_____标记位置时关闭阀门，盖上冷却液膨胀罐盖。

⑧检查冷却液液位。当发动机达到工作温度时，冷却液液位必须位于_____标记处；当发动机处于冷机状态时，冷却液液位必须位于_____和_____标记之间。

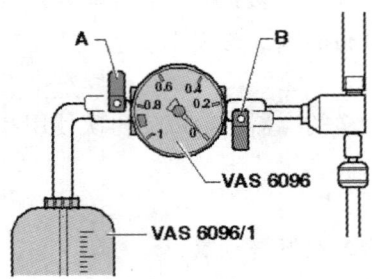

图3-2-4

（2）不使用冷却系统加注装置（VAS6096或SVW6096）。

①关闭暖风和空调系统。

②缓慢加注冷却液到膨胀罐的_____标记位置，盖上冷却液膨胀罐盖。

③连接诊断仪、测量与信息系统VAS5051B、VAS5052A、VAS6150A、VAS6150B，并执行引导功能_____。

④在膨胀罐关闭状态下检查冷却液液位。当发动机达到工作温度时，冷却液液位必须位于_____标记处，当发动机处于冷机状态时，则必须位于_____和_____标记之间，如图3-2-5所示。

⑤关闭发动机。

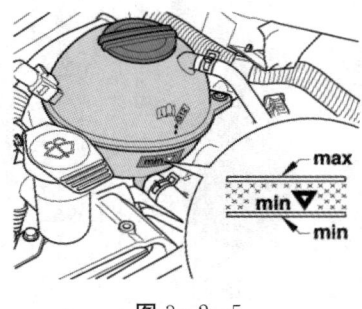

图3-2-5

四、评价

1. 知识评价

（1）简述发动机冷却液的作用。

（2）简述避免被储液罐热蒸汽烫伤的方法及措施。

（3）简述冷却液液位的检查及更换方法。

2. 技能及素养评价

技能及素养评价见"附表3　学习任务三评价表"。

学习活动 3　电子节气门的清洗

活动名称	电子节气门的清洗	建议学时	8
活动描述	长时间行驶的汽车，由于发动机中燃料的不完全燃烧，会在发动机中形成积碳，导致发动机性能下降、油耗升高。应及时对电子节气门进行清洗		
学习目标	（1）了解怠速控制系统的组成、分类及工作原理。 （2）掌握电子节气门的清洗与基本设定的方法。 （3）能独立完成对电子节气门的清洗工作。 （4）培养学生爱岗敬业的工作态度，树立正确的人生观和价值观		
关联知识 技能要点	在不拆卸发动机的情况下，市面上常用干冰和细小颗粒（如核桃砂）清洗发动机内部的积碳		
学习准备	多媒体、互联网资源、其他设备等		

一、资讯

（1）发动机怠速控制系统的作用及分类是什么？

_____

_____。

（2）电子节气门的结构及工作原理是什么？

_____

_____。

（3）汽车为什么要定期清洗电子节气门？

_____

_____。

（4）为什么要对电子节气门进行基本设定？

_____

_____。

二、计划与决策

请以小组为单位，根据任务要求确定所需要的检测仪器、工具及易耗件，并对小组成员进行合理分工，制订详细的检查和维护计划。

（1）需要使用的检测仪器、工具及易耗件。

_____

_____。

（2）小组成员的分工。

_____

_____。

（3）以 2013 款桑塔纳轿车的电子节气门清洗为例，制订工作计划。
_____
_____。

三、实施

1. 车辆登记

车辆识别代码（VIN）为_____，车型为_____，发动机型号为_____，生产时间为_____，行驶里程为_____km。

2. 车辆防护

铺设的车辆防护设备包括_____
_____。

3. 车辆故障的确认

（1）发动机是否存在怠速抖动？
_____。

（2）组合仪表上的 EPC 故障指示灯是否点亮？
_____。

（3）发动机是否会忽然熄火？
_____。

（4）用诊断仪读取汽车参数，观察汽车怠速时节气门的开度。
_____。

4. 电子节气门的位置

电子节气门应安装在_____。

5. 电子节气门的拆卸

拆卸电子节气门的步骤及要点有：

（1）_____；
（2）_____；
（3）_____。

6. 电子节气门的清洗

观察电子节气门的外观及内部，判断是否需要清洗。

（1）外观：_____。
（2）内部：_____。
（3）是否需要清洗：_____。
（4）清洗方法：_____
_____。

7. 电子节气门的安装

安装清洗过的电子节气门的步骤及要点：

（1）_____；
（2）_____；

(3) _____。

8. 基础设定

使用诊断仪对电子节气门进行基本设定,基本设定路径为 _____
_____。

四、检查

电子节气门清洗与基本设定完成后,注意以下几点。

(1) 检查零件是否安装到指定位置。
_____
_____。

(2) 检查车辆怠速抖动现象是否消除。
_____
_____。

(3) 用诊断仪检查汽车怠速时节气门开度是否正常?
_____
_____。

五、评价

1. 知识评价
(1) 简述电子节气门的组成与工作原理。
(2) 分析引起汽车怠速抖动的原因。
(3) 简述清洗电子节气门的操作要点及注意事项。
2. 技能及素养评价

技能及素养评价见"附表3 学习任务三评价表"。

学习活动4 火花塞的检查与更换

活动名称	火花塞的检查与更换	建议学时	8
活动描述	长时间行驶的汽车火花塞会发生烧蚀或产生沉积物,导致发动机工作不正常、性能降低。检查火花塞,必要时可进行更换			
学习目标	(1) 了解火花塞的工作原理及组成。 (2) 掌握检查火花塞的方法及参数标准。 (3) 独立完成火花塞的更换。 (4) 培养学生爱岗敬业的工作态度,树立正确的人生观和价值观			
关联知识 技能要点	(1) 气缸压力检测。 (2) 废旧火花塞能否提炼贵重金属?			
学习准备	多媒体、互联网资源、其他设备等			

一、资讯

（1）火花塞（图 3-4-1）的作用是把高压导线送来的脉冲高压电放出，击穿火花塞两电极间的空气，产生电火花以此引燃气缸内的混合气体。

（2）现代汽车采用较多的是多侧极火花塞，多侧极火花塞提供了多个跳火通道，增加了火花的"可达性"，提高了点火的可靠性，延长了使用时间。国产火花塞型号中的后缀字母（热值数后面的字母）D、J、Q 分别表示双侧极、三侧极、四侧极。

（3）火花塞主要由绝缘体、壳体、接线螺杆和电极组成。绝缘体必须具有良好的绝缘性、导热性及较高的机械强度，能耐受高温和化学腐蚀，材料通常由 95% 的氧化铝瓷组成。

图 3-4-1

（4）火花塞按照热值的高低可分为冷型和热型两种。

（5）随着材料科学和工艺技术的发展，电极材料经历了铁、镍、镍基合金、镍－铜复合材料、贵金属的演化过程，现在使用得最普遍的是镍基合金。国产火花塞型号后缀中的 C 代表铜芯中心电极，CC 代表双铜芯电极。

（6）目前，采用镍基合金电极的普通火花塞已越来越不适应大功率、高转速、大压缩比的现代发动机的需要。为了使火花塞具有更高的点火性能和更长的使用时间，人们开始将铂、铱、钇等贵金属用于制造电极并改进发火端的结构。

（7）采用贵金属制成的火花塞在使用时有以下优点：一是无须调整、修正火花间隙；二是适宜于冷态启动，由于尖端放电、点火容易，提高了发动机低速工况下的性能；三是减少电极的吸热和消焰作用。细小的电极使间隙周围的空间扩大，加大了混合气的可达性，使燃烧更充分，排放更低。

（8）简述发动机电控点火系统的作用及组成。

_____

_____

_____。

（9）简述火花塞的结构及作用。

_____

_____

_____。

（10）火花塞的热特性如何选择？火花塞 F6RTC 的热值是多少？
_____
_____
_____。

（11）如何检查并判断火花塞的好坏？
_____
_____
_____。

二、计划与决策

请以小组为单位，根据任务要求确定所需要的工具，并对小组成员进行合理分工，制订详细的检查和维护计划。

（1）需要使用的工具。
_____
_____
_____。

（2）小组成员的分工。
_____
_____
_____。

（3）检查和维护计划。
_____
_____
_____。

三、实施

1. 火花塞的常见故障

（1）火花塞电极部位出现黑色沉积物。

如果沉积物来源于空气过滤器，需要及时将火花塞拆卸、清洗；如果沉积物来源于积碳，则应调整混合气体的比例。

（2）火花塞绝缘体破损。

汽车火花塞绝缘体出现破损的主要原因是爆震，当辛烷值过低、火花点火时间提前、气缸温度过高、混合气体比例过低时都会引起发动机爆震，进而导致汽车火花塞出现过大的震动而使绝缘体损伤。汽车火花塞出现绝缘体破损时应该及时更换，在更换的过程中确保对气门间隙、冷却系统、火花塞松紧度的调控，影响汽车火花塞的结构与稳定。

（3）火花塞漏电。

火花塞漏电可能是因火花塞的陶瓷绝缘体出现缺陷或者损伤，也有可能是在长期使用后火花塞电极之间的缝隙过大，或者是点火线圈绝缘不良造成的。火花塞漏电一般可以通过更换火花塞来解决。

2. 火花塞常见故障

（1）启动困难。

当火花塞积碳过多、积累了太多的沉淀物质、火花塞间隙增大、点火能量不足时，会造成汽车启动困难。

（2）功率低。

火花塞积碳后分流电阻减小，电极产生火花受到影响，造成发动机运转不平稳，汽车动力下降。

（3）尾气超标。

火花塞发生故障，造成点火系统不能正常工作，混合气体燃烧不充分，一些有害物质没有充分燃烧就被排放出去。

（4）油耗增加。

火花塞出现问题，造成点火系统异常、混合气体燃烧不充分，浪费燃油。

3. 车辆登记

车辆识别代码（VIN）为_____，车型为_____，发动机型号为_____，生产时间为_____，行驶里程为_____km。

4. 车辆防护

铺设的车辆防护设备包括_____。

5. 车辆故障确认

（1）发动机是否存在怠速抖动？

_____。

（2）车辆油门踏板是否沉重？

_____。

（3）车辆油耗是否偏大？

_____。

6. 点火线圈、火花塞的位置

观察点火线圈的安装位置，判断该车点火系统属于_____类型。

能否在不拆卸点火线圈的情况下找到火花塞？

_____

_____。

7. 拆卸火花塞

拆卸火花塞的步骤及要点：

（1）_____；

（2）_____；

（3）_____；

（4）_____；

（5）_____。

8. 火花塞的型号和类别

观察火花塞的型号并说明其类型：

（1）该火花塞型号为_____。

（2）该火花塞类型为_____。

9. 火花塞外观和电极间隙

观察、测量并记录火花塞的外观和电极间隙，判断是否需要更换火花塞。

外观：_____。

电极间隙：_____。

是否需要更换火花塞：_____。

10. 清洗火花塞

如果火花塞不需要更换，如何清洗？

_____
_____。

11. 安装火花塞

安装火花塞的步骤及要点：

（1）_____；
（2）_____；
（3）_____；
（4）_____；
（5）_____。

四、检查

（1）检查零件是否安装到指定位置。

_____。

（2）检查车辆故障是否已经消除。

_____。

（3）检查车辆油耗、动力有无改善。

_____。

五、评价

1. 知识评价

（1）简述点火系统的作用与组成。
（2）指出火花塞的安装位置。
（3）简述火花塞的类型。
（4）简述更换火花塞的操作要点及注意事项。

2. 技能及素养评价

技能及素养评价见"附表3 学习任务三评价表"。

学习活动 5　DSG 变速器油（齿轮油）的检查与更换

活动名称	DSG 变速器油（齿轮油）的检查与更换	建议学时	8
活动描述	请根据故障现象制订 DSG 变速器的检查与维护计划，对变速器的油位及品质进行检查，必要时更换 DSG 变速器油		
学习目标	（1）了解 DSG 变速器工作原理。 （2）了解变速器油的作用及使用要求。 （3）掌握 DSG 变速器油的检查与更换方法。 （4）培养学生爱岗敬业的工作态度，树立正确的人生观和价值观		
关联知识 技能要点	（1）机油与齿轮油的作用。 （2）自动变速器油液的颜色		
学习准备	多媒体、互联网资源、其他设备等		

一、资讯

（1）DSG 变速器又称_____。

（2）DSG 变速器分为_____和_____两大类。

（3）OAM 变速器加_____和_____油。

（4）齿轮油的作用是_____和_____齿轮、轴、轴承、同步器。

（5）加注齿轮油时，应根据_____原则。

（6）齿轮油排放不少于_____分钟，放油螺栓紧固力矩为_____。

（7）DSG 变速器系统的核心组件包括_____、_____、_____，共同完成换挡过程。

（8）DSG 湿式离合器传递扭矩是通过_____来完成的，而 DSG 干式离合器的扭矩则是通过_____来传递的。

（9）变速器油温超过_____℃时，电脑就会减少发动机的输出扭矩；超过_____℃时，变速器的电脑会控制发动机强行停机。

二、计划与决策

请以小组为单位，根据任务要求确定所需要的检测仪器、工具，并对小组成员进行合理分工，制订详细的检查和维护计划。

（1）需要使用的工具。

_____

_____。

（2）小组成员的分工。

_____

_____。

(3) 检查和维护计划。
_____
_____。

三、实施

1. 以 02E（6-DSG）变速器为例进行说明

(1) 02E（6-DSG）变速器结构。

02E（6-DSG）变速器结构如图 3-5-1、图 3-5-2 所示，其相关参数如下所示。

①DSG（直接换挡变速器）代码：02E。
②重量：前轮驱动 94 kg，四轮驱动 109 kg。
③最大扭矩：320 N·m。
④离合器：两组多片式湿式离合器。
⑤挡位：6 个前进挡，1 个倒挡。
⑥操作模式：自动挡位、手动/自动一体化变速器。
⑦换油量：约 5.5 L。

1—P挡锁拉杆；
2—ATF油滤清器；
3—ATF油散热器；
4—花键轴；

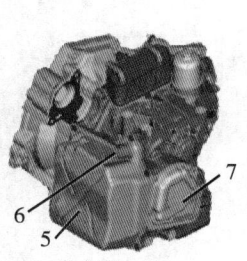
5—油底壳；
6—线束连接插头；
7—ATF油泵

图 3-5-1

1—分动器；2—滤清器；3—输出轴；4—输入轴；
5—油泵；6—电液控制单元；7—双离合器

图 3-5-2

(2) 更换滤清器的条件。

①保养周期达到 6 万公里； ②_____；
③_____； ④离合器烧毁或机械损坏。

(3) 操作流程。

①检查前的注意事项。

A. 发动机处于关闭状态；
B. 汽车处于水平位置；
C. 拆卸底护板；
D. 将变速杆挂入"P"挡。

②连接 VAS 测试仪，读取变速器油温数据。如果变速器油温高于 50℃，则必须冷却变速器。

③拆卸空气滤清器壳体。

④拧松滤清器壳体，等待 10 s 使壳体内的油液流回变速器，然后再取下滤清器壳体，如图 3-5-3 所示。

 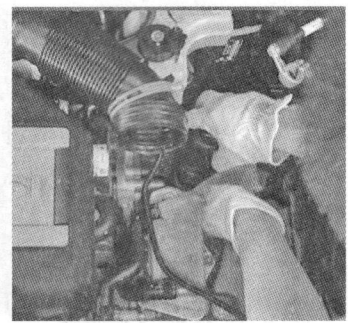

图 3-5-3

⑤插入新的变速器油滤清器壳体，以 20 N·m 的力矩拧紧壳体，并擦去溢出的变速器油，如图 3-5-4 所示。

⑥举升车辆至高位，将收集盘 VAG 1306 置于放油螺栓下方合适位置，如图 3-5-5 所示。

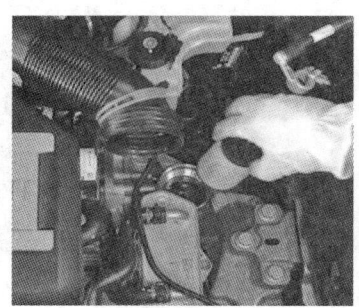 

图 3-5-4　　　　　　　　图 3-5-5

⑦拆下放油螺栓，如图 3-5-6 所示。

 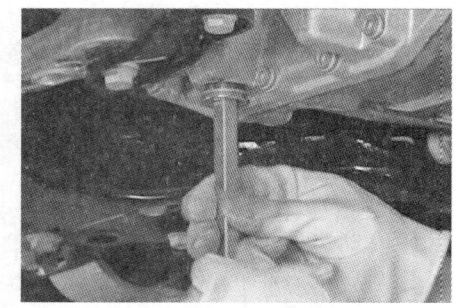

图 3-5-6

⑧拧下放油孔内的溢流管，溢流管的长度决定了变速器油的液面高度，通常会溢出约 5 L 变速器油。

⑨待变速器油放尽后，重新拧入溢流管。

⑩安装加油装置转接头。将专用工具 VAS 6262 A 的螺纹接头用手拧紧到放油孔

内，如图3-5-7所示。

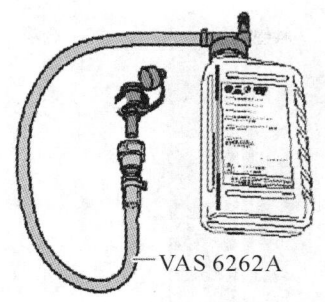 

图3-5-7

⑪连接VAS 6262A，将5.5 L左右的DSG油加入变速器。加注时，应将VAS 6262 A置于高于变速器的位置，如图3-5-8所示。

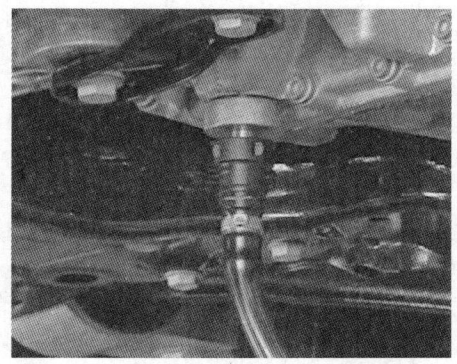

图3-5-8

⑫将车辆降至低位并进入驾驶室。

⑬继续使用VAS测试仪，读取变速器油温数据。

⑭启动发动机，踩下制动踏板，试挂所有挡位，每个挡位停留3 s，最后将变速杆挂入"P"挡，如图3-5-9所示。

图3-5-9

⑮当变速器油温达到35℃～45℃时，在发动机运转的情况下脱开加油装置转接头，

排出多余的变速器油,如图 3-5-10 所示。

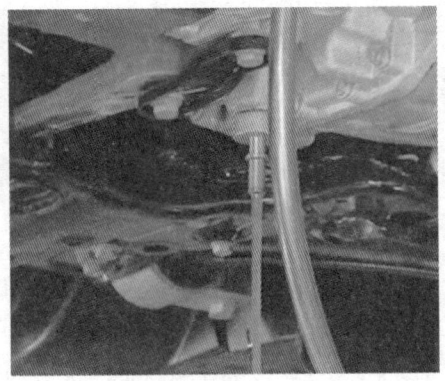

图 3-5-10

⑯当多余的变速器油排尽后取下转接头,如图 3-5-11 所示。

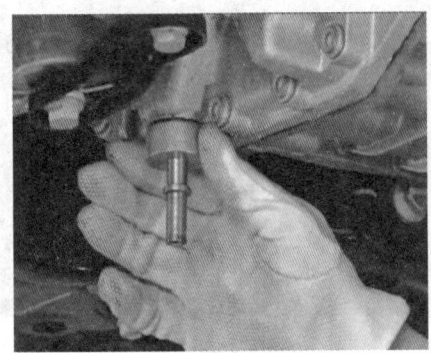

图 3-5-11

⑰安装放油螺栓时,应更换新的密封环,拧紧力矩为 45 N·m,如图 3-5-12 所示。

⑱关闭发动机,02E(6-DSG)油更换完毕,如图 3-5-13 所示。

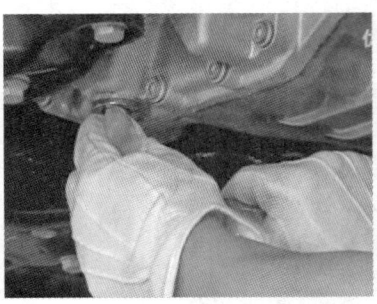

图 3-5-12

图 3-5-13

2. 维修手册操作

(1) 准备。

①车辆进入工位前,应将工位清扫干净,排除_____,准备好_____等。

②安装室内五件套，分别为_____。
③安装室外三件套，分别为_____。
④将车辆停驻在举升机中央位置，拉紧驻车制动器并将变速器置于空挡，安装车轮_____。
⑤拉起发动机机舱盖释放杆，打开_____。
⑥安装翼子板布和_____。

（2）齿轮油的检查。

①如果没有造成齿轮油_____，不用检查齿轮油油位。
②通过诊断仪读取齿轮油的温度，温度如果高于_____℃，则应冷却变速器。在发动机停止工作时，旋出溢流管并排出齿轮油，再重新安装溢流管并加注齿轮油。启动发动机并运转一段时间后关闭发动机，旋出放油螺塞，排放多余的齿轮油，直至齿轮油油位与_____平齐。

（3）拆卸和安装齿轮油滤清器。

关闭发动机，将接油盘置于变速器下，缓慢旋出滤清器壳并拧下壳体。取下滤清器前轻轻敲击壳体，使壳体内的油流回变速箱。装入新的滤清器后，再用_____N·m的力矩拧紧罩壳。

（4）齿轮油的排放与加注。

①升起汽车，拆掉隔音底板。
②将抽吸装置 VAG 1782 或收集盘放置在变速器下。
③拆卸摆动支承附近的检查螺塞，拧下_____及放油孔内的_____，溢流管的长度决定了变速器油的液面高度，约 5 L 左右的变速器油可以被放出，以_____N·m的力矩将溢流管拧回放油孔。
④用手将 VAS 6262 的适配接头拧进检查孔中。
⑤在打开前请晃动油罐，加注_____L DSG 油，更换油瓶时可以关闭龙头或将机油加注适配接头 VAS 6262 的高度保持得比变速器_____。
⑥接上 VAS 505X，阅读变速器_____。
⑦启动发动机，踩下制动踏板，试挂所有挡位，每个挡位停留 3 s，最后将变速杆挂入"P"挡。当变速器油温达到_____℃时，拆下 VAS 6262 的快速接头，让多余的变速器油流出，当变速器油开始滴出时，拧下 VAS 6262A 接头，拧紧放油螺栓。注意更换新的_____拧紧放油螺栓，拧紧力矩为_____N·m。
⑧关闭发动机，更换机油和滤清器的过程结束。
⑨安装隔音底板。

（5）DSG 油更换维护要点。

①彻底清洁连接点及其周围区域，然后旋出螺栓。在维护变速器时需要尽可能地保持_____，并使用合适的工具。
②如果变速器盖板的螺栓已被拆下或变速器中没有变速器油，则发动机_____，不允许_____车辆。
③安装变速器时要注意发动机与变速器之间定位销的位置正确。

④将拆下的零件放置在干净的地方。建议使用_____覆盖零件,防止它们被污染,不要使用带纤维的抹布去接触零件。

⑤在安装径向轴密封圈前,要用密封油脂涂抹密封唇之间的空隙,开口的一侧应指向变速箱内部。

⑥不允许在变速器油和液压油中加注_____,不允许将排放的变速器油重新_____变速器中。

⑦如果变速器上有变速器油,应首先检查油液是从变速器上哪个地方漏出的,排除_____;之后才能将新的变速器油加注至正确的油位。

四、评价

1. 知识评价

(1) 简述 DSG 变速器油的分类和作用。
(2) 简述 DSG 变速器油的检查和更换方法。
(3) 简述干式和湿式 DSG 变速器的工作原理。
(4) 简述 DSG 变速器可能出现故障的原因。

2. 技能及素养评价

技能及素养见"附表 3　学习任务三评价表"。

学习活动 6　制动器的检查与维护

活动名称	制动器的检查与维护	建议学时	8
活动描述	请根据故障现象制订制动器的检查与维护计划,对制动器技术状况进行检查,必要时对制动器进行拆解和更换		
学习目标	(1) 了解制动器的分类及组成。 (2) 了解制动器的工作原理。 (3) 掌握制动器的检测项目、制动摩擦片的更换方法。 (4) 培养学生爱岗敬业的工作态度,树立正确的人生观和价值观		
关联知识技能要点	气压制动的原理是什么?鼓式与盘式制动器在结构上有什么区别?		
学习准备	多媒体、互联网资源、其他设备等		

一、资讯

(1) 制动系统的工作原理是什么?

（2）制动系统由哪四部分组成？
_____
_____。

（3）制动系统的分类有哪些？
_____
_____。

（4）鼓式制动器的工作原理是什么？
_____
_____。

（5）盘式制动器的工作原理是什么？
_____
_____。

（6）简述气压制动的工作原理。
_____
_____。

（7）如图 3-6-1 所示，写出盘式制动器的元件名称及作用。

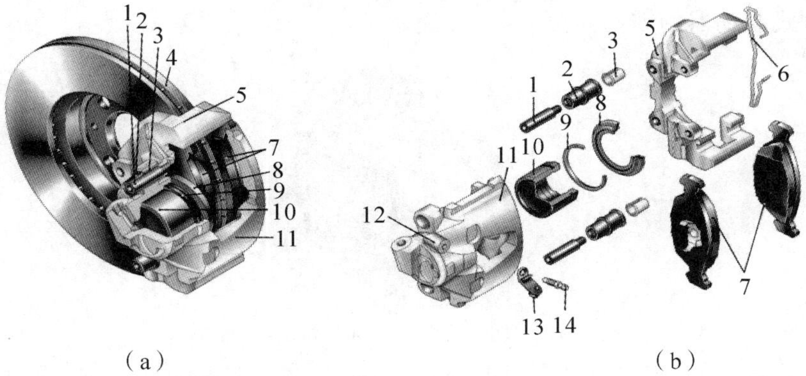

（a）　　　　　　　　　　（b）

图 3-6-1

① _____；
② _____；
③ _____；
④ 制动盘，_____；
⑤ _____；
⑥ 保持弹簧，_____；
⑦ _____；
⑧ _____；
⑨ _____；
⑩ _____；
⑪ _____；

⑫_____;
⑬_____;
⑭放气螺钉,_____。

(8) 鼓式制动器。

①凸轮式制动器的结构如图 3—6—2 所示。

图 3—6—2

1—前轮制动鼓;2—前制动凸轮轴;3—前制动蹄摩擦片总成;4—制动蹄回位弹簧挡钩;5—回动弹簧;6—制动轴垫板;7—制动蹄轴;8—前制动底板总成

②轮缸式制动器的结构如图 3—6—3 所示。

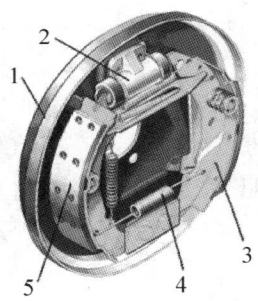

图 3—6—3

1—制动底板;2—后制动轮缸;3—制动蹄;4—下拉力弹簧;5—带楔形支座的制动蹄

二、计划与决策

请以小组为单位,根据任务要求确定所需要的检测仪器、工具,并对小组成员进行合理分工,制订详细的检查和维护计划。

(1) 需要使用的检测仪器工具。

_____
_____
_____。

(2) 小组成员的分工。

_____
_____。

(3) 检查和维护计划。
_____
_____
_____。

三、实施

1. 车辆登记

车辆识别代码（VIN）为_____，车型为_____，发动机型号为_____，生产时间为_____，行驶里程为_____km。

2. 故障现象确认

经过试车，确认故障现象为_____
_____。

3. 检查前轮制动摩擦片

检查前轮制动摩擦片的步骤：
(1) _____；
(2) _____；
(3) _____；
(4) _____；
(5) _____；
(6) _____；
(7) _____。

前轮制动摩擦片厚度的磨损极限为_____mm。

4. 检查前轮制动盘厚度和圆跳动

检查前轮制动盘厚度和圆跳动的步骤：
(1) _____；
(2) _____；
(3) _____；
(4) _____；
(5) _____；
(6) _____；
(7) _____。

前轮制动盘厚度的磨损极限为_____mm，前轮制动盘圆跳动极限为_____mm。

5. 检查后轮制动摩擦片

检查后轮制动摩擦片厚度的步骤：
(1) _____；
(2) _____；
(3) _____；
(4) _____。

后轮制动摩擦片厚度的磨损极限为_____mm。

6. 拆卸前轮制动器

(1) 拆卸前轮制动器的注意事项为_____。

(2) 拆卸前轮制动器的专用工具有_____
_____。

(3) 前轮制动器的关键零件有_____
_____。

7. 前轮制动器的拆卸

前轮制动器的拆卸步骤：

(1) _____；

(2) _____；

(3) _____；

(4) _____；

(5) _____；

(6) _____；

(7) _____。

注意：制动卡钳不能悬空放置，应_____。

8. 前轮制动器的安装

前轮制动器的安装步骤：

(1) _____；

(2) _____；

(3) _____；

(4) _____；

(5) _____；

(6) _____；

(7) _____。

9. 拆卸后轮制动器

(1) 拆卸后轮制动器的注意事项为_____
_____。

(2) 拆卸后轮制动器专用工具有_____
_____。

(3) 拆卸后轮制动器的关键零件有_____
_____。

10. 后轮制动器拆卸

后轮制动器拆卸的步骤：

(1) _____；

(2) _____；

(3) _____；

(4) ＿＿；
(5) ＿＿；
(6) ＿＿；
(7) ＿＿。

11. 后轮制动器安装

后轮制动器的安装步骤：

(1) ＿＿；
(2) ＿＿；
(3) ＿＿；
(4) ＿＿；
(5) ＿＿；
(6) ＿＿；
(7) ＿＿。

四、总结

(1) 更换制动片后需要的操作有哪些？

＿＿＿

＿＿。

(2) 制动系统维护要点有哪些？

＿＿＿

＿＿。

(3) 检查与维护制动器的专用工具是什么？使用时的注意事项是什么？

＿＿＿

＿＿。

五、评价

1. 知识评价

(1) 简述制动系统的组成部分。

(2) 简述更换制动片的操作流程，试举例说明。

(3) 简述拆卸制动器的注意事项。

2. 技能及素养评价

技能及素养评价见"附表3　学习任务三评价表"。

学习活动 7　制动液的检查与更换

活动名称	制动液的检查与更换	建议学时	8
活动描述	一辆 2013 款桑塔轿车到店维修，车主反映该车行驶时制动效果不佳，下坡路上即使踏板踩到底制动效果也不如以前。经维修人员检查，该车里程显示为 55320 km。经询问车主得知，该车行驶一直没有更换过制动液。维修人员初步判断需要对汽车制动液进行更换		
学习目标	（1）了解制动液的组成及分类。 （2）掌握汽车制动系统的工作原理。 （3）独立完成制动液的清洁与更换。 （4）培养学生爱岗敬业的工作态度，树立正确的人生观和价值观		
关联知识 技能要点	（1）能区分底盘上的制动液管路和燃油管路。 （2）掌握制动液检测笔的使用方法		
学习准备	多媒体、互联网资源、其他设备等		

一、资讯

（1）制动液按照组成成分可以分为_____、_____和_____三类，目前市面上使用最广泛的是_____。一般车用制动液以 DOT 为分类标准。目前，按照型号可以分为"DOT3""DOT4""DOT5""DOT5.1"，如图 3-7-1 所示。

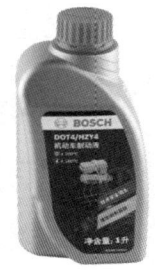
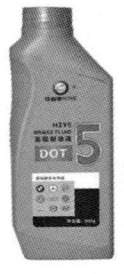

图 3-7-1

（2）制动液应按照维修手册上标注的型号购买和使用，不得随意提高或降低制动液标准。一般在制动液加注口附近会有明显的标注，如图 3-7-2 所示。

图 3-7-2

(3) 不同型号的制动液对比如表 3-7-1 所示。

表 3-7-1

制动液型号	适用范围	优劣势
DOT3	逐渐被淘汰	吸水性强，沸点容易降低，高温时刹车稳定性差
DOT4	普通家用轿车	金属腐蚀性低，橡胶相容性好，不易受水分影响，高温时刹车性能稳定
DOT5	军用及赛车领域	不吸水、油水分离，刹车性能衰减快，更换较频繁
DOT5.1	性能跑车和竞技赛车	抗氧化性好，沸点高不易沸腾，耐超高温且性能稳定，更换周期长

(4) 合成制动液是用_____和_____等添加剂调制而成的。

(5) 制动液有_____、_____、_____、_____、_____和_____的特点。

(6) 汽车制动液的使用性能有_____、_____、_____、_____和_____。

(7) 合格的制动液产品外观应_____、_____、_____、_____。

(8) 制动液的更换周期为_____或_____。

(9) 制动液是机动车液压制动系统中传递_____的介质。

二、计划与决策

请以小组为单位，根据任务要求确定所需要的检测仪器、工具及易耗件，并对小组成员进行合理分工，制订详细的检查和维护计划。

(1) 需要使用的检测仪器、工具及易耗件。

_____

_____

_____。

(2) 小组成员的分工。

_____

_____

_____。

(3) 以检查与维护 2013 款桑塔纳轿车制动液为例，制订工作计划。
_____
_____
_____。

三、实施

1. 制动液的检查与更换

(1) 检查。

制动液储液罐位于制动主缸上方，制动液罐表面刻有_____和_____的标记，应注意检查液面高度。正常工作时，液面应始终保持在_____和_____标记之间，汽车制动摩擦片磨损而自动调节，引起制动液面略有_____。若短时间内出现制动液面显著下降或低于_____标记，则可能是制动系统有渗漏故障，应立即检查，故障排除后方可使用。

(2) 更换。

更换制动液时，应使用大众公司规定的制动液，型号为_____。每隔_____或汽车行驶已超过_____时，应更换制动液。制动液有_____，不可与油漆接触。制动液具有吸湿性，它能吸收周围空气中的水分，要将它存放在密封的容器里。

①将制动液加注及排气装置 VAG 1869 连接在制动液储液罐上（也可使用 BSF 10），注意不要_____。

②将 VAG 1869/2 制动踏板加载器安装在驾驶员座椅和制动踏板之间并预紧。

③将软管从离合器工作缸上拔下。

④将收集容器的排气软管插在离合器工作缸的_____上。

⑤打开离合器工作缸的_____并放出约_____ cm^3 制动液，关闭排气螺栓。

⑥拔下收集容器的排气软管，装上离合器工作缸的软管。

⑦打开相应制动钳的排气螺栓并排出适量的制动液。

⑧作业完成后拧上排气螺栓。

⑨取下制动液储液罐的接头，拆下制动踏板加载器。检查踏板压力和制动踏板上的空行程（最大为踏板行程的_____）。

2. 制动系统放气

(1) 根据不同设备，操作程序大同小异。

①使用放气装置 VW 1238/1 或者 BSF－10 放气。接通制动系统放气装置 VW 1238/1，按规定顺序打开_____，然后排出_____和_____中的气体，用排液瓶盛放排出的制动液。制动系统放气顺序：_____
_____。

②使用放气装置 BSF－10 和制动踏板加载器放气，如图 3－7－3，图 3－7－4 所示。从制动液储液罐上拧下密封盖。将制动踏板加载器放在驾驶员座椅和制动踏板之间并预紧。用 BSF－10 的吸油软管从制动液储液罐中尽可能多地吸出制动液，注意制动液储液罐上的滤网不得拆除，并且抽出的制动液不得再次使用。

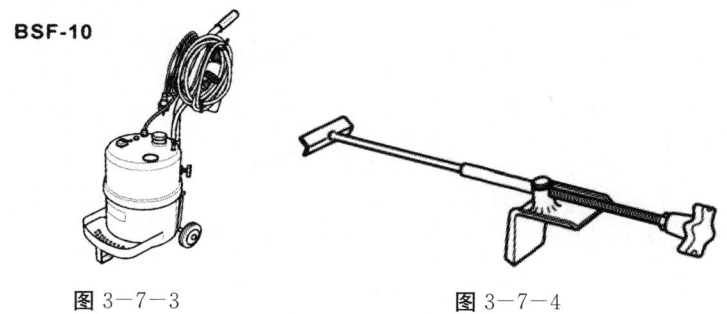

图 3-7-3　　　　　　　图 3-7-4

（2）不使用放气装置 VW 1238/1 放气。

①将软管一端接到_____上，另一端插入排液瓶。

②一人用力迅速_____并缓慢放松制动踏板反复数次后，踩下制动踏板，并保持高度不变。

③另一人_____放气螺钉，管路中空气随制动液顺着胶管排出制动系统，排出空气后再将放气螺钉_____。

④重复上述步骤多次，直至容器中的制动液无气泡为止。

⑤观察储液罐制动液液面高度，必要时_____。

四、评价

1. 知识评价

（1）简述制动液的分类和作用。

（2）简述制动液的检查和更换方法。

（3）简述在什么情况下必须更换制动液。

2. 技能及素养评价

技能及素养评价见"附表 3　学习任务三评价表"。

学习活动 8　汽车底盘其他系统维护

活动名称	汽车底盘其他系统维护	建议学时	8
活动描述	请根据维护项目制订底盘的检查与维护计划，对汽车底盘状况进行检查		
学习目标	（1）了解悬架的分类及维护要点。 （2）掌握底盘螺栓预紧的标准。 （3）掌握底盘燃油和制动管路检查的流程及要求。 （4）掌握底盘排气管道检查的要点及安全事项。 （5）培养学生爱岗敬业的工作态度，树立正确的人生观和价值观		
关联知识 技能要点	（1）排气管道上的吊耳检查要求。 （2）空气悬架的原理		
学习准备	多媒体、互联网资源、其他设备等		

一、资讯

(1) 悬架的作用与组成分别是什么?

_____

_____。

(2) 独立悬架与非独立悬架的区别是什么?分别有什么特点?

_____

_____。

(3) 什么是空气悬架,它的特点是什么?

_____

_____。

(4) 悬架及底盘其他系统维护的要点。

_____

_____。

二、计划与决策

请以小组为单位,根据任务要求确定所需要的工具,并对小组成员进行合理分工,制订详细的检查和维护计划。

(1) 需要使用的工具。

_____

_____。

(2) 小组成员的分工。

_____

_____。

(3) 检查和维护计划。

_____

_____。

三、实施

1. 车辆登记

车辆识别代码(VIN)为_____,车型为_____,发动机型号为_____,生产时间为_____,行驶里程为_____km。

2. 车辆防护

铺设的车辆防护设备包括_____。

3. 汽车底盘检查项目

(1) _____。

(2) _____。

(3) _____。

(4) _____。
(5) _____。
(6) _____。
(7) _____。
(8) _____。

4. 底盘螺栓拧紧力矩
(1) 副车架连接螺栓的拧紧力矩为_____。
(2) 悬架下摆臂连接螺栓的拧紧力矩为_____。
(3) 制动卡钳与转向节连接螺栓的拧紧力矩为_____。
(4) 横梁与车身连接螺栓的拧紧力矩为_____。
(5) 稳定杆连接螺栓，安装到副车架上的螺栓拧紧力矩为_____，安装到连接杆上的螺栓拧紧力矩为_____。
(6) 前减震器与转向节连接螺栓的拧紧力矩为_____。
(7) 横拉杆端头锁止螺母的拧紧力矩为_____。
(8) 稳定杆与稳定杆连杆连接螺栓的拧紧力矩为_____。
(9) 发动机机油排放塞螺栓的拧紧力矩为_____。
(10) 机油滤清器的紧固标准为_____。

四、总结

(1) 简述汽车底盘检查项目。
_____
_____
_____。

(2) 请列举至少两种专用工具的使用注意事项。
_____
_____
_____。

五、评价

1. 知识评价
(1) 2013款桑塔纳轿车前后悬架的特点是什么？
(2) 悬架维护的要点有哪些？
(3) 底盘燃油和制动管路检查的要点有哪些？
(4) 底盘排气管道检查的要点有哪些？
2. 技能及素养评价
技能及素养评价见"附表3 学习任务三评价表"。

学习活动 9　评价总结

活动名称	评价总结	建议学时	4
活动描述	通过任务学习和实践考核，展示小组学习成果，包括小组总结、个人总结、自我评价、小组评价和教师评价。		
学习目标	（1）能提炼成果，撰写小组总结报告。 （2）能撰写个人学习总结报告、实习报告。 （3）能制作总结 PPT。 （4）能上讲台做总结汇报。 （5）能进行自评和互评，能对小组其他成员不足之处能提出合理的建议。		
关联知识 技能要点	（1）通过总结、提炼，进行学习成果的展示。 （2）总结报告的撰写。 （3）PPT 的制作。 （4）实习报告的撰写。 （5）汇报稿的撰写		
学习准备	计算机、多媒体、移动黑板及其他教学辅助设备		

评价总结活动记录单

一、小组学习成果展示

（1）本小组的学习成果主要体现在哪些方面？
_____
_____
_____。

（2）其他小组的学习成果主要体现在哪些方面？
_____
_____
_____。

二、小组总结

（1）本小组的优点有哪些？
_____
_____
_____。

（2）本小组的缺点有哪些？
_____
_____

学习任务三　汽车 6 万公里维护

三、个人总结

（1）个人在小组中的作用主要体现在哪些方面？
_____
_____。

（2）个人在小组中存在的不足有哪些？
_____
_____
_____。

四、自我评价

请写出对自己的评价，并打分。
_____
_____
_____。

五、小组评价

请记录下小组其他成员对你的评价和打分。
_____
_____
_____。

六、教师评价

请记录下任课教师对你的评价和打分。
_____
_____
_____。

附表3 学习任务三评价表

班　级：　　　　　姓　名：　　　　　　　　　　　　学　号：

项　目	自我评价			小组评价			教师评价		
	9~10分	6~8分	1~5分	9~10分	6~8分	1~5分	9~10分	6~8分	1~5分
	占总评10％			占总评30％			占总评60％		
学习活动1									
学习活动2									
学习活动3									
学习活动4									
学习活动5									
学习活动6									
学习活动7									
学习活动8									
协作精神									
纪律观念									
表达能力									
工作态度									
安全意识									
工匠精神									
任务总体表现									
小　计									
总　评									

任课教师：　　　　　　　年　　月　　日

学习任务四 汽车换季维护

【任务描述】

客户接到汽车售后服务企业的换季（如冬季）维护活动通知驾车到厂，经前台接车后，确认相应的维护项目，开具对应的维护维修工单。

【任务目标】

维护人员从班组长处接到任务，首先充分了解客户的需求，再结合厂家技术规范，确定维护项目内容、标准和作业流程，按作业流程及规范对汽车状况进行检查。按厂家规定的维护项目和要求，完成对空调系统的维护作业，实施相应的清洁、润滑、紧固、调整和更换等维护操作。维护作业完成并自检合格后，交予班组长进行质量检验。维护人员在工作中应遵循现场工作管理规范的相关要求。

【素养要求】

培养学生耐心细致的工作作风、精益求精的工匠精神，使其树立正确的世界观、人生观、价值观，增强社会责任感。

【学时】

42学时。

【工作流程与学习活动】

学习活动1：汽车冷却系统的检查与维护。
学习活动2：汽车空调的结构与原理。
学习活动3：汽车制冷剂的纯度鉴别和检漏。
学习活动4：汽车制冷剂的回收与加注。
学习活动5：评价总结。

学生学习活动任务分配表

班 级		组 号		指导教师	
组 长		工位号			
组 员	姓 名	工位号	工作任务		

任务描述

学习活动 1　汽车冷却系统的检查与维护

活动名称	汽车冷却系统的检查与维护	建议学时	8
活动描述	汽车冷却系统作为发动机重要的组成部分，状况的好坏直接影响发动机的工作状态。请根据发动机冷却系统的检查与维护计划，对汽车的冷却系统进行相应的检查与维护		
学习目标	（1）了解汽车冷却系统的基本结构、工作原理。 （2）掌握汽车冷却系统的维护内容。 （3）掌握汽车冷却系统的故障排除方法。 （4）培养学生爱岗敬业的工作态度，树立正确的人生观和价值观		
关联知识 技能要点	（1）家用空调的组成结构有哪些？ （2）家用空调的制冷原理是什么？ （3）汽车空调和家用空调是一样的吗？		
学习准备	多媒体、互联网资源、其他设备等		

一、资讯

1. 汽车冷却系统

汽车冷却系统的作用是_____
_____。

2. 汽车冷却系统的分类及特点

汽车冷却系统（图 4－1－1）分为水冷和风冷两种，水冷系统和风冷系统的优点、缺点和适用范围分别是_____
_____。

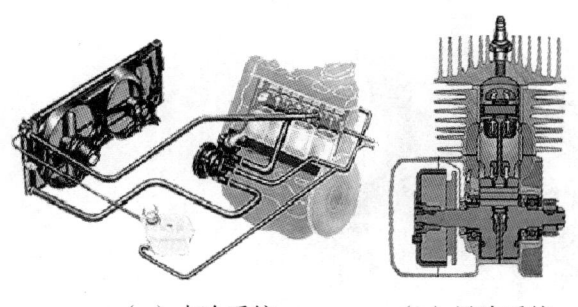

（a）水冷系统　　　（b）风冷系统

图 4－1－1

3. 水冷系统

（1）水冷系统是以冷却液作为冷却介质，再把发动机受热零件吸收的热量散发到大气中去。目前，汽车发动机上采用的水冷系统大都是强制循环式水冷系统，利用水泵强制冷却液在冷却系统中循环流动。

（2）水冷系统是以_____、_____、_____、_____和储水箱组成的，如图4-1-2所示。

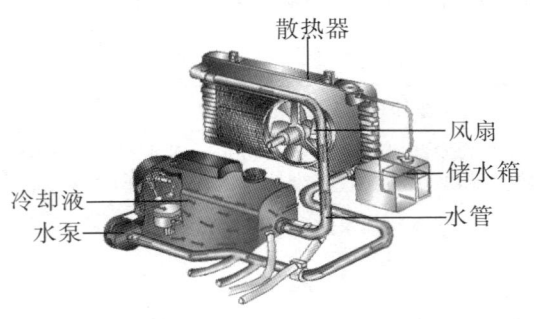

图4-1-2

①散热器又称水箱，由上水室、散热器芯和下水室等组成，如图4-1-3所示。其作用是将冷却液所吸收的热量散发至外界，降低冷却液温度。

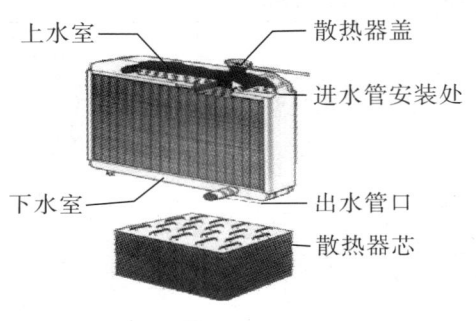

图4-1-3

②水泵（图4-1-4）的作用是对冷却液加压，使其在冷却系统中循环流动。

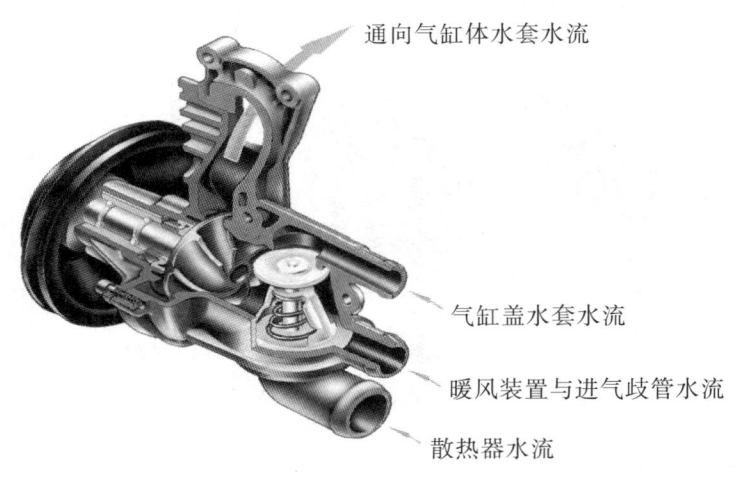

图4-1-4

③风扇通常在散热器后面并与水泵同轴，用来提高流经散热器的空气流速和风量，

增强散热器的散热效果，同时对发动机其他附件也有一定的冷却作用，如图 4-1-5 所示。

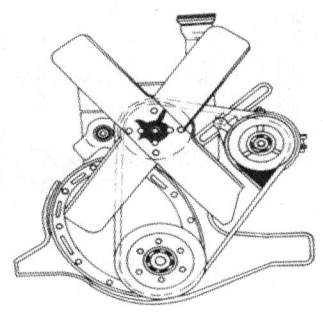

图 4-1-5

④节温器是根据发动机负荷的大小和水温的高低自动改变冷却液的循环流动路线，从而控制冷却液通过散热器的流量，蜡式节温器工作原理示意如图 4-1-6 所示。

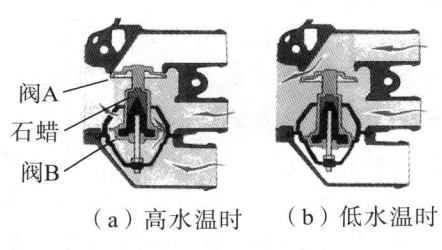

（a）高水温时　（b）低水温时

图 4-1-6

⑤水温传感器的作用是把冷却液温度转换为电信号，输入 ECU 后，修正喷油量、修正点火提前角、影响怠速控制阀，水温传感器如图 4-1-7 所示。

图 4-1-7

（3）水冷系统的大、小循环。

①大循环：当冷却液温度高时，冷却液经过散热器而进行的循环流动，如图 4-1-8 所示。

②小循环：当冷却液温度低时，冷却液不经过散热器而进行的循环流动，从而使冷却液温度升高，如图 4-1-8 所示。

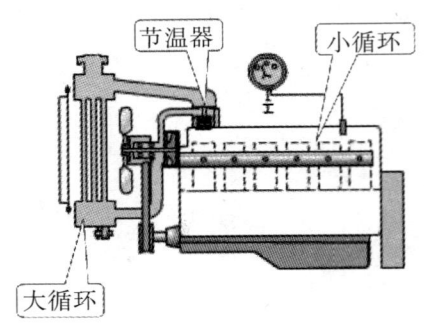

图 4-1-8

(4) 防冻冷却液。

防冻冷却液可以防止在冬季寒冷地区因冷却液结冰而造成散热器、气缸体、气缸盖变形或胀裂的现象,在冷却液中加入一定量的防冻液以达到降低冰点、提高沸点的目的。防冻冷却液的作用有以下几个。

①防冻:用乙二醇配制的冷却液最低可在-70℃环境下使用。市场上销售的冷却液,乙二醇的浓度一般保持在33%~50%之间,也就是冰点在20℃~45℃之间。可以根据实际需要合理选择防冻冷却液,以满足使用要求。

②防沸:加到水中的乙二醇会改变冷却液的沸点。乙二醇浓度越高,冷却液的沸点也就越高,-20℃时冷却液的沸点为104.5℃,而-50℃时沸点达到108.5℃。如果冷却系统采用压力盖,冷却液的实际沸点会更高。这样,即使在炎热的夏天,也能有效防止冷却液"开锅"。

③防腐:冷却液最主要的功能是防腐蚀。腐蚀是一种化学、电化学和侵蚀作用,逐步破坏冷却系统内的金属表面,严重时可造成冷却系统壁穿孔,引起冷却液漏失,导致发动机损坏。

④防锈:锈蚀是由冷却系统内的氧化作用造成的。热量和湿气会加速锈蚀的过程。锈蚀留下的残余物会阻塞冷却系统,加速磨损和降低热传导的效率。冷却液中的添加剂有助于防止冷却系统通道内出现锈蚀。

⑤防垢:水中所含的各种杂质(包括金属离子、无机盐等)会造成结垢和沉淀,降低冷却系统的导热效率,甚至会对发动机造成严重损害。冷却液使用去离子水,可以避免结垢和沉淀的形成,从而保护发动机。

4. 水冷系统的工作原理

当发动机缸体达到一定温度时会打开节温器,冷却液能带走发动机的热量。冷却液在水泵的驱动下流向散热器,经散热器冷却后降低温度再返回到发动机,从而达到冷却发动机缸体的目的。

二、计划与决策

请以小组为单位,根据任务要求确定所需要的工具,并对小组成员进行合理分工,制订详细的检查和维护计划。

(1) 需要使用的仪器、工具。
_____
_____。

(2) 小组成员的分工。
_____
_____。

(3) 检查和维护计划。
_____
_____。

三、实施

1. 冰点测试

冰点测试所使用的专业工具为_____，其操作步骤：
(1) _____；
(2) _____；
(3) _____；
(4) _____。

该实训车辆的冷却液冰点为_____。

2. 泄漏测试

泄漏测试所使用的专业工具为_____，其操作步骤：
(1) _____；
(2) _____；
(3) _____；
(4) _____。

该实训车辆的冷却系统_____（是/否）存在泄漏。

3. 冷却液液位的检查、排放与加注

该项目已经介绍，此处不再展开说明。

4. 清洗

当发动机散热性能不佳、发动机冷却系统水垢过多时，可使用专用的散热器清洗剂清洗冷却系统。启动发动机，使其温度达到正常的工作温度后，关闭发动机并放尽冷却液，将混有清洗剂的清洗液加入冷却系统中。再次启动发动机，使发动机温度达到正常工作温度并怠速运转 20~30 min，然后再关闭发动机，放出清洗液。如果排出的液体较脏，应继续用清水反复清洗直到放出清水为止。最后加注新的冷却液即可。

5. 冷却液使用的注意事项

冷却液及其添加剂为有毒物质，应置于安全场所储存。放出的冷却液不宜再次使用，应严格按有关规定处理废弃的冷却液。凡更换缸盖、缸垫、散热器时，必须更换冷却液。

四、典型故障

1. 发动机温度过低

发动机温度过低的原因有发动机风扇离合器出现故障，导致风扇长转。检查节温器，当节温器的主阀门未关闭或关闭不严时，造成冷却液始终进行大循环，也会导致发动机温度过低。

2. 发动机突然过热

导致发动机突然过热的原因有以下几种：①风扇故障，导致发动机过热；②水泵轴与叶轮脱离，使冷却液循环中断而过热；③冷却系统严重泄露，冷却液不足造成发动机过热；④节温器主阀门脱落卡在冷却液管内，阻碍冷却液进行大循环；⑤水泵皮带松弛、断裂导致冷却液不能正常循环。

五、评价

1. 知识评价

（1）简述汽车冷却系统的基本结构。
（2）简述大、小循环的行径路线。
（3）掌握汽车冷却系统的故障排除方法。

2. 技能及素养评价

技能及素养评价见"附表4　学习任务四评价表"。

学习活动 2　汽车空调的结构与原理

活动名称	汽车空调的结构与原理	建议学时	10
活动描述	汽车空调是汽车现代化的标志之一，现代汽车空调的基本功能是能在任何气候和行驶条件下，改善驾驶员的工作条件和提高乘员的舒适性。请根据汽车空调系统的检查与维护计划，对汽车空调进行相应检查与维护		
学习目标	（1）掌握汽车空调结构、组成及工作原理。 （2）会熟练使用汽车空调的各项功能。 （3）掌握汽车空调性能检测设备的使用方法。 （4）培养学生爱岗敬业的工作态度，树立正确的人生观和价值观		
关联知识技能要点	（1）家用空调的组成结构有哪些？ （2）家用空调的制冷原理是什么？ （3）汽车空调和家用空调是一样的吗？		
学习准备	多媒体、互联网资源、其他设备等		

一、资讯

1. 汽车空调的含义

汽车空调主要对汽车车厢内的温度、湿度及空气的清洁度进行调节控制。衡量汽车空调质量的指标主要有四个,即温度、湿度、空气流速和空气清洁度。

2. 汽车空调的分类

(1) 独立式空调。用一台专用空调发动机驱动压缩机工作,具有制冷/热量大、工作稳定的特点,但成本高、体积及质量大,多用于大、中型客车。

(2) 非独立式空调。由汽车发动机直接驱动压缩机工作,制冷/热性能受汽车发动机工作状况的影响。其工作稳定性较差,影响汽车发动机的动力,因此多用于小型客车和轿车。

3. 汽车空调的温度和湿度

夏季人体感到最舒适的温度是_____℃,在冬季则是16℃~18℃。另外,人体面部所需求的温度比足部略低,即要求"头凉足暖",温差大约为2℃。人觉得最舒适的相对湿度夏季是_____,冬季是_____。

4. 汽车空调的空气流速

人在流动的空气中比在静止的空气中会觉得更加舒服,这是因为流动的空气能加快人体向外散热。所以,空气流速是汽车空气调节的重要指标之一。通常汽车空气的流速在0.2 m/s以下为好,并且以低速流动为佳。

5. 汽车空调的空气清洁度

由于车内空间小、乘员密度大,极易造成_____和_____浓度过高。另外,汽车发动机排出的一氧化碳和道路上的粉尘、野外有刺激性的花粉都容易进入车内,造成车内空气混浊,严重时会影响乘员的身体健康。

6. 汽车空调的控制系统

汽车空调的控制系统主要有两种,一种是手动控制系统,另一种是电控自动控制系统,也就是我们常说的"手动空调"和"自动空调"。

(1) 手动控制系统。手动控制系统的鼓风机转速、_____及_____等功能均由驾驶员操纵和调节,车内通风温度由仪表板上的空气控制杆、温度控制杆、进气杆和风扇开关等操纵通风管道上的各种风门实现。

(2) 电控自动控制系统。电控自动控制系统利用_____随时检测车内温度和车外温度的变化,并将检测到的信号传递至_____。_____按预先编制的程序对信号进行处理,并通过执行元件及时对鼓风机转速、出风温度、送风方式及压缩机工作状态等进行调节,从而使车内温度、空气湿度及流动状况始终保持在驾驶员设定的水平范围内。

7. 汽车空调系统的组成

(1) 通风系统。可将车外的新鲜空气引进车内,达到通风、换气的目的。

(2) 采暖系统。可对车内空气或车外进入车内的新鲜空气进行加热、除湿,使车内乘员感觉温暖、舒适。

(3) 制冷系统。可对车内空气或车外进入车内的新鲜空气进行降温、除湿,使车内乘员感觉凉爽、舒适。

(4) 空气净化装置。可去除车内空气中的尘埃、异味,使车内空气变得清洁,目前多用于高级轿车。

（5）控制系统。将制冷、采暖、通风等系统与空气净化装置有机组合，形成冷暖适宜的气流，对车内环境进行全季节、全方位、多功能的控制和调节。

（6）加湿装置。可调节空气湿度，避免皮肤干燥。

8. 空调系统的主要结构

空调系统的主要结构如图4-2-1所示。

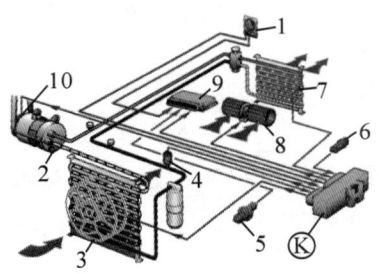

1—空调开关；2—泄压阀；3—风扇；4—空调功能开关；5—冷却液温度开关；8—鼓风机；6—散热器风扇双温开关；7—蒸发器温度开关；9—发动机控制单元；10—电磁离合器

图4-2-1

（1）压缩机（图4-2-2）作为汽车空调制冷、制热系统的核心部件，起着重要的作用。压缩机分为不可变排量和可变排量两种。根据工作原理的不同，空调压缩机可以分为定排量压缩机和变排量压缩机。根据工作方式的不同，压缩机一般可以分为往复式和旋转式两种，常见的往复式压缩机有曲轴连杆式和轴向活塞式，常见的旋转式压缩机有旋转叶片式和涡旋式。

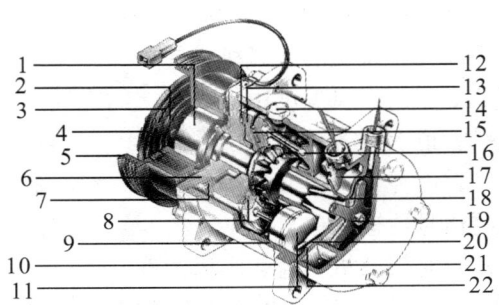

1—轴承；2—吸盘；3—线圈；4—电磁离合器；5—多楔带带轮；6—前盖；7—密封圈；8—带锥齿轮的行星盘；9—固定锥齿轮；10—缸体；11—活塞；12—推力轴承；13—斜盘；14—注油塞；15—推力轴承；16—连杆；17—进出接口；18—排气阀片；19—阀片限位板；20—吸气阀片；21—头盖；22—阀板

图4-2-2

（2）冷凝器是一种由管子与散热片组合起来的热交换器，其作用是对压缩机排出的高温高压制冷剂蒸汽进行冷却，使之凝结成高温高压的液体。制冷剂蒸汽放出的热量由周围空气带走，排到大气中。其中，常见的冷凝器主要有管片式、管带式及平流式。

①管片式冷凝器结构简单、加工方便，但散热效果较差。管片式冷凝器一般用在大中型客车的制冷装置上，如图4-2-3所示。

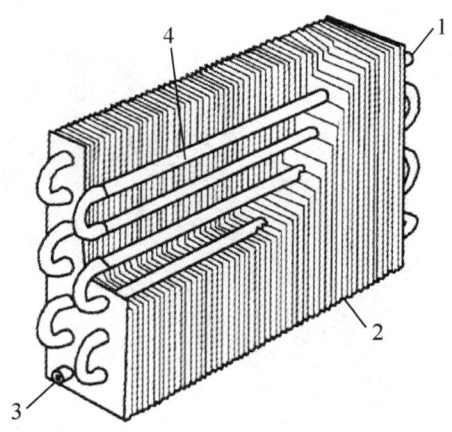

1—进口；2—散热片；3—出口；4—制冷剂散热管

图4—2—3

②管带式冷凝器的传热效率比管片式冷凝器提高15%～20%，但它的制造工艺复杂、焊接难度大，且对材料的要求高，一般用在小型汽车的制冷装置上，如图4—2—4所示。

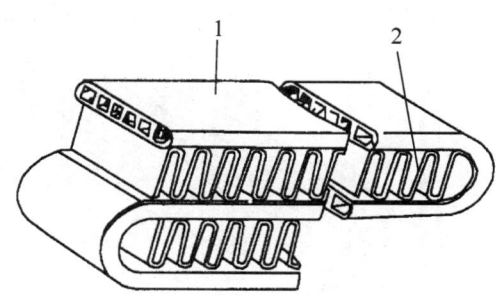

1—异型扁管；2—波纹散热片

图4—2—4

③平流式冷凝器具有制冷剂侧的压力损失小、传热系数高、质量小、结构紧凑和制冷剂充注量少等特点。平流式冷凝器适合与采用R134a为制冷剂的制冷系统配套使用，如图4—2—5所示。

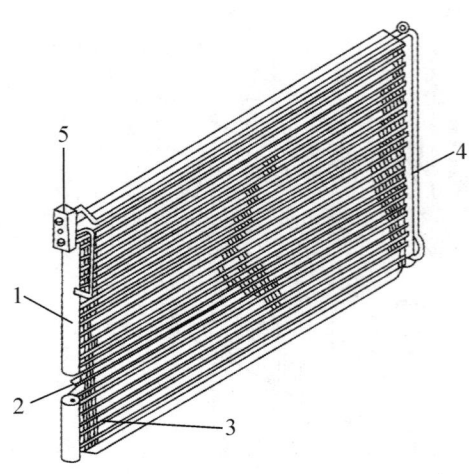

1—圆柱形集管；2—铝制内肋扁管；3—波形散热翅片；4—跨接管；5—管接头

图 4—2—5

（3）蒸发器（图 4—2—6）是汽车空调制冷系统中的另一个热交换器，其作用与冷凝器相反，是将经过节流降压后的液态制冷剂在蒸发器内沸腾汽化，吸收蒸发器表面周围空气的热量而使之降温，风机再将冷风吹到车室内，达到降温的目的。

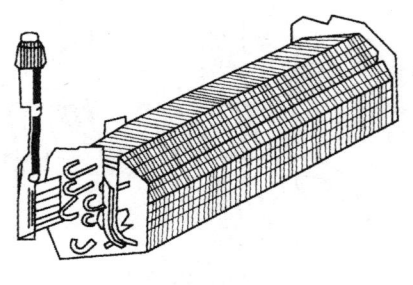

图 4—2—6

（4）膨胀阀（图 4—2—7）安装在蒸发器入口管路上，是一种感压和感温自动阀，用来调整和控制制冷剂进入蒸发器的流量，保证制冷剂在蒸发器内完全蒸发。需要注意的是，膨胀阀并不控制蒸发器的温度。

图 4—2—7

膨胀阀又分外平衡膨胀阀与内平衡膨胀阀。当蒸发器压力损失较大时，应选用外平衡膨胀阀，它能充分、有效地利用蒸发器的所有表面积，以提高换热效率。当蒸发器压力损失较小时，应选用内平衡膨胀阀。

（5）储液干燥器串联在冷凝器与膨胀阀之间的管路上，使从冷凝器中出来的高压制冷剂液体经过滤、干燥后流向膨胀阀。在制冷系统中，它起到储液、干燥和过滤液态制冷剂的作用。

（6）集液器（又称积累器、气液分离器）和储液干燥器的作用类似，但装在系统的低压侧。集液器的主要功能是防止液态制冷剂液击损坏压缩机，也用于储存过多的液态制冷剂，内含干燥剂也起储液干燥器的作用。

（7）汽车空调制冷系统的风机（又称通风机、鼓风机）按工作原理，可分为叶轮式风机和容积式风机两类。叶轮式风机按气体流向与风机主轴的相互关系，又可分为离心式和轴流式两种。

9. 制冷剂

汽车空调是通过制冷剂的物态变化，由制冷剂循环流动实现制冷的。目前，市面上常用的制冷剂就是 R134a。

二、计划与决策

请以小组为单位，根据任务确定所需要的工具，并对小组成员进行合理分工，制订详细的检查和维护计划。

（1）需要使用的仪器、工具。
_____
_____。

（2）小组成员的分工。
_____
_____。

（3）检查和维护计划。
_____
_____。

三、实施

1. 车辆防护

（1）车辆的型号为_____。

（2）铺设的车辆防护设备包括_____。

2. 汽车空调诊断仪的使用

（1）使用"ROBINAIR RA007 PLUS"汽车空调诊断仪进行检测。

（2）汽车空调诊断仪组装的注意事项有_____。

（3）请参考使用说明书将汽车空调诊断仪的组装顺序填写在横线上。

① _____；

② _____；

③ _____；

④ _____ ;
⑤ _____ 。

（4）使用怠速法对空调进行性能测试，根据吸气压力与环境温度图表及空调出风温度与环境温度图表（图4-2-8），将表4-2-1补充完整。

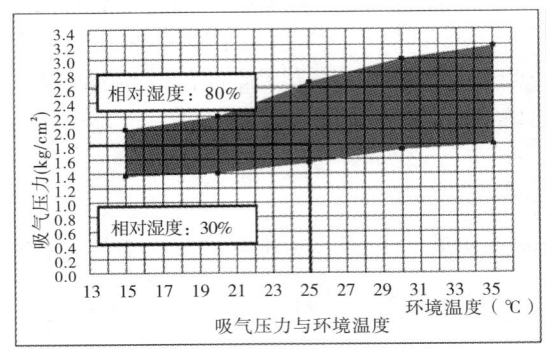
吸气压力与环境温度

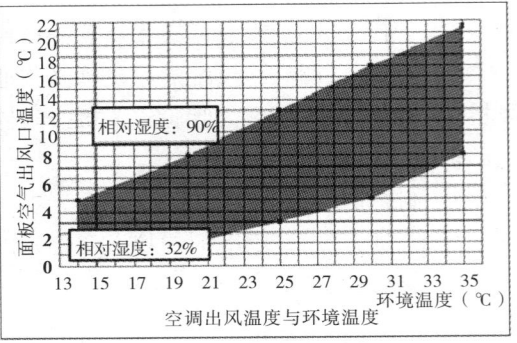
空调出风温度与环境温度

图 4-2-8

表 4-2-1

项目名称	参数记录	项目名称	参数记录
高压侧压力		低压侧压力	
冷凝器进口温度		冷凝器出口温度	
膨胀阀进口温度		蒸发器出口温度	
环境温度		环境湿度	
出风口温度		出风口湿度	
性能检验		□合格　□不合格	

3. 空调制冷系统的工作过程

空调制冷系统的工作过程，如图4-2-9所示。

（1）蒸气压缩过程。

当发动机带动压缩机运转时，压缩机吸入蒸发器出口处低温（约为0℃）、低压（约为_____MPa，实际参数为_____MPa）的气态制冷剂，将其压缩成高温（70℃~80℃）、高压（约为_____MPa，实际参数为_____MPa）的蒸汽排出压缩机。

（2）冷凝放热过程。

_____的过热制冷剂蒸汽进入冷凝器，压力和温度降低。当制冷剂的温度降至_____℃时，制冷剂由_____态变为_____态，同时放出大量的热。

（3）节流膨胀过程。

液态制冷剂流到储液干燥器后，在储液干燥器中除去_____和_____，由管道流入节流膨胀阀。温度和压力较高的液态制冷剂通过膨胀阀装置后体积变大，压力和温度_____，以雾状（细小液滴）排出膨胀装置。膨胀阀阀口的横截面积可作动态调节，以控制制冷量，确保制冷剂在蒸发器内_____。

（4）蒸发吸热过程。

_____的雾状制冷剂进入蒸发器后，通过蒸发器的壁面吸收蒸发器周围环境（车厢）中空气的热量而_____，从而降低车内_____。在冷却风机（鼓风机）的作用下，车内的冷、热空气加速对流，提高了空调的制冷效果。在蒸发器内_____后的制冷剂蒸汽再次被压缩机吸入，然后重复上述过程。

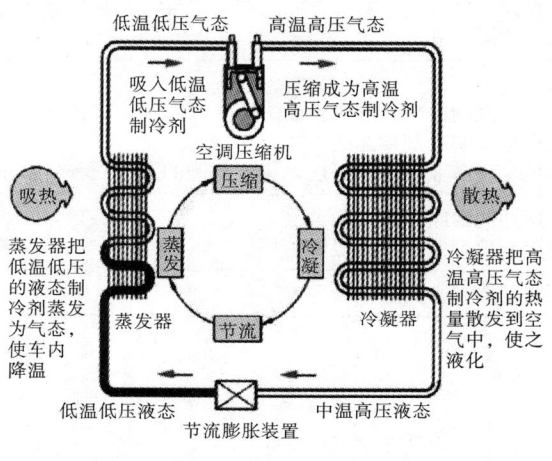

图 4-2-9

四、总结

（1）使用空调制热时，是否需要打开 AC 开关？
_____
_____
_____。

（2）写出空调诊断仪四个夹具对应的元件名称。
_____
_____
_____。

五、评价

1. 知识评价

（1）简述汽车空调的基本构造，并指出对应的元件名称及位置。
（2）简述汽车空调制冷的工作过程。
（3）简述空调诊断仪的安装及使用方法。

2. 技能及素养评价

技能及素养评价见"附表 4 学习任务四评价表"。

学习活动 3　汽车制冷剂的纯度鉴别和检漏

活动名称	汽车制冷剂的纯度鉴别和检漏	建议学时	10
活动描述	一名客户驾车到汽车 4S 店进行检查，表示自己汽车的空调制冷效果很差，基本无冷风。经检查发现制冷剂纯度有疑，同时存在泄漏的可能。请根据故障现象制订制冷剂的纯度鉴别与检漏计划		
学习目标	(1) 了解制冷剂的组成、分类、危害。 (2) 掌握汽车空调制冷剂纯度鉴别的方法。 (3) 掌握汽车空调制冷剂检漏的方法。 (4) 培养学生爱岗敬业的工作态度，树立正确的人生观和价值观		
关联知识 技能要点	(1) 汽车空调性能诊断仪的使用方法。 (2) 汽车空调制冷剂回收加注机的使用		
学习准备	多媒体、互联网资源、其他设备等		

一、资讯

(1) R12 制冷剂对大气臭氧层有严重破坏作用，导致产生温室效应，危及人类赖以生存的环境，它已被禁用。

(2) 现在市面上的汽车制冷剂主要是以 R134a 制冷剂为主；R134a 制冷剂标准蒸发温度为_____℃，凝固点为_____℃，属中温制冷剂。

(3) R134a 制冷剂与 R12 制冷剂相近，具有无色、无味、无毒、不燃烧、不爆炸的特点。汽化潜热比 R12 制冷剂大，与矿物性润滑油不相溶。

(4) R134a 制冷剂对大气臭氧层无破坏作用，但仍会造成一定的温室效应（全球变暖潜能值约为 0.27）。

(5) 现在市面上常见的 R134a 制冷剂品牌有_____、_____、_____、_____和_____等。

(6) 目前常用的制冷剂检漏方法有四种：电子检漏法、_____、荧光检漏法、真空检漏法。

二、计划与决策

请以小组为单位，根据任务要求确定所需要的工具、仪器，并对小组成员进行合理分工，制订详细的检查和维护计划。

(1) 需要使用的工具、仪器。

(2) 小组成员的分工。

_____

_____

_____。

(3) 检查和维护计划。

_____

_____

_____。

三、实施

1. 车辆防护

(1) 车辆的型号为_____。

(2) 铺设的车辆防护设备包括_____。

2. 制冷剂的纯度鉴别

(1) 制冷剂鉴别仪为_____，可以检验制冷剂的类型、纯度、非凝性气体以及其他杂质，其纯度以百分比显示，精度为 0.1%。

(2) 制冷剂鉴别仪如图 4-3-1 所示。

①检查采样过滤器的状况是否良好。

②检查接口螺丝是否良好。

③检查采样管的状况是否正常。

④检查空气进气口和净化排放口是否通畅。

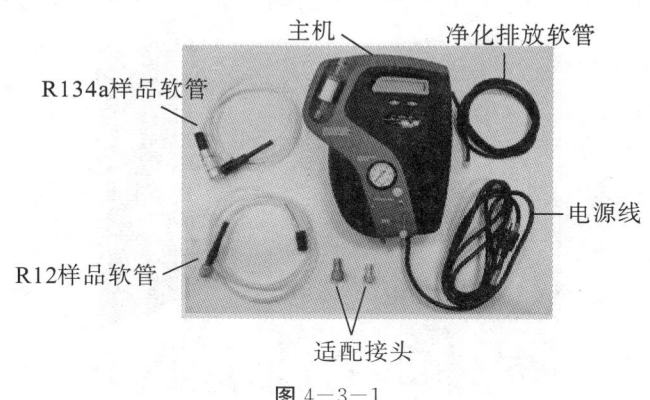

图 4-3-1

(3) 海拔高度的设定及设备预热。

将制冷剂鉴别仪与电源连接，按住 A、B 键直到显示屏出现"USAGE ELEVATION，400 Feet"（该显示为出厂设置，海拔 400 ft，100 ft 等于 30.48 m）。使用 A 键和 B 键调节海拔高度：每按一次 A 键，升高 100 ft；每按一次 B 键，降低 100 ft，如图 4-3-2 所示。设定完成后静置 20 s，设备自动切换到预热模式。

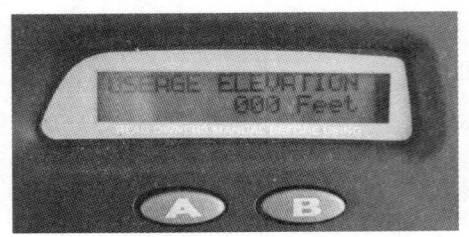

图 4-3-2

(4) 当预热结束后,正确连接软管至低压阀,如图 4-3-3 所示。注意在连接和取下软管时,需戴上专业手套,以防发生危险。

图 4-3-3

(5) 将低压阀连接好以后注意观察压力表,其压力必须达到 10 psi(英制压力单位,1 bar≈14.5 psi)以上方可进行下一步骤。

(6) 按 A 键开始检测,制冷剂样品立即流向鉴别仪,如图 4-3-4 所示。

图 4-3-4

(7) 检测完成后,制冷剂鉴别仪自动显示结果,如图 4-3-5 所示。

 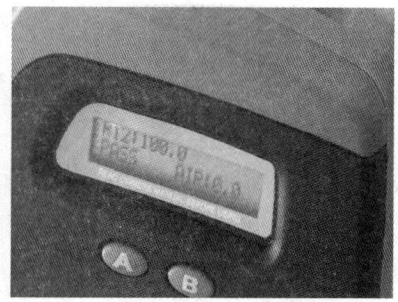

图 4-3-5

(8) 结果分析。

①制冷剂纯度大于或等于 98% 时，即通过检验，达到回收条件。

②R12 或 R134a 制冷剂的纯度达不到 98% 时，说明混合物过多。

3. 电子检漏法

(1) 认识电子式卤素检漏仪。

电子式卤素检漏仪共有 7 个灵敏度等级，通过制冷剂浓度差寻找制冷剂泄漏点，如图 4-3-6 所示。

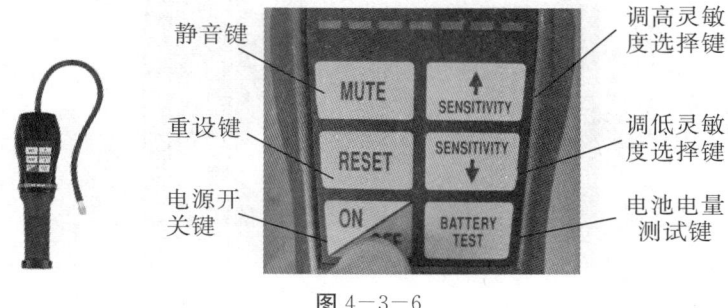

图 4-3-6

(2) 电子式卤素检漏仪的工作原理。

金属铂在 800℃~900℃ 时会发生正离子发射。当遇到卤素气体时，发射会急剧增加，我们将其称为"卤素效应"，利用此效应可制成卤素检漏仪。卤素检漏仪传感器的二极管、加热丝、阴极（外筒）、阳极（内筒）均用金属铂制成。加热丝加热阳极后发射正离子，阴极接收的离子流被检流计（或放大器）指示出来，并伴有声音指示。

(3) 电子式卤素检漏仪的操作流程。

①按电源键开机。

②调节灵敏度，点亮第一个 LED 灯，仪器发出低频的"嘀嘀"声。

③探头指向被检区域（不能接触），若点亮的 LED 灯增多，声音频率增高、变尖锐，则说明存在泄漏。

④主要检测区域为加注阀口、管路及其接头、压缩机轴头等。

⑤当仪器报警时按重设键，此后只有制冷剂含量为更高浓度时才会触发报警。可重复此步骤，直到找到漏源。

(4) 使用电子式卤素检漏仪的注意事项。

使用电子式卤素检漏仪检测高低压端口时，检查位置为四周和中部，间隔感应距离为3~5 mm，检测时移动速度不能过快，检测完毕后及时装好防尘帽。

4. 荧光检漏法

（1）荧光检漏法的特点。

荧光检漏法的优点是速度快，非常适合做大数量统计，且样品只被检测一次，不用担心荧光淬灭的问题。荧光检漏法的缺点是只能检测荧光的有无、强度的大小。由于样品只被检测一次，因此无法连续观察同一个样品。

（2）荧光检漏法的操作过程。

荧光检漏法的操作过程有以下几点。

①充填荧光检漏剂时必须由压缩机低压端进入空调系统。

②空调开关开启，让荧光检漏剂能够循环于每一段冷媒管路。

③让发动机及空调系统运转10 min，然后关闭空调与发动机。

④使用紫外光灯照射检测冷媒泄漏位置，寻找泄漏点。基本上每一处泄漏点在紫外光灯的照射下荧光反射强度都会略有不同，如图4-3-7所示。

图4-3-7

5. 压力检漏法

压力检漏法分为充氮气压力检漏和充制冷剂检漏，这里我们主要介绍充氮气压力检漏的方法，如图4-3-8所示。

（1）应正确连接歧管压力表，在空调系统没有制冷剂的情况下，先把歧管压力表的高压软管接到空调系统高压维修阀上，再将压力表的低压软管与低压维修阀连接，最后将中间管连接到氮气瓶上。

（2）将氮气瓶打开，然后打开歧管压力表高低压手动维修阀，向系统内充注干燥氮气，当其压力达到1.2~1.5 MPa时，再关闭歧管压力表高低压手动维修阀。

（3）将肥皂液涂抹在容易漏气的管路接头处或焊接处，仔细观察有无气泡，如有泄漏则泄漏处有气泡涌出。

（4）严禁用压缩空气进行检漏。压缩空气中含有水分，水分随空气进入系统会对系统造成冰堵。而氮气无腐蚀性、无水分，且具有价格优势。但瓶装氮气一定要配减压表充注。

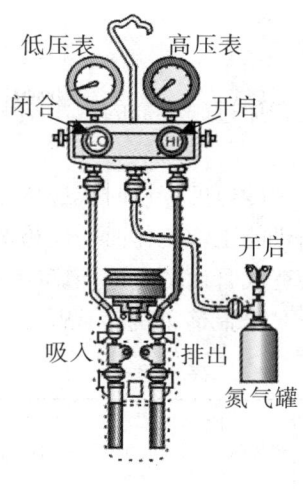

图4-3-8

6. 真空检漏法

真空检漏法将在"学习活动4 汽车制冷剂的回收与加注"中进行介绍。

四、评价

1. 知识评价

(1) R12制冷剂为什么会被淘汰?
(2) 简述电子卤素检漏仪的操作流程。
(3) 简述荧光检漏法的操作流程。

2. 技能及素养评价

技能及素养评价见"附表4 学习任务四评价表"。

学习活动4 汽车制冷剂的回收与加注

活动名称	汽车制冷剂的回收与加注	建议学时	10
活动描述	一名客户驾车到汽车4S店进行检查,表示自己汽车的空调制冷效果很差,基本无冷风。根据故障现象,制订汽车空调制冷剂的回收与加注计划		
学习目标	(1) 了解制冷剂的危害。 (2) 掌握汽车空调制冷剂的回收方法。 (3) 掌握汽车空调制冷剂的加注方法及注意事项。 (4) 培养学生爱岗敬业的工作态度,树立正确的人生观和价值观		
关联知识技能要点	(1) 掌握制冷剂纯度鉴别仪的使用方法。 (2) 至少掌握两种制冷剂专业检漏工具的使用方法		
学习准备	多媒体、互联网资源、其他设备等		

一、资讯

(1) 连续使用超过 3 年且没有加过制冷剂的汽车空调,应进行制冷剂压力测试,制冷剂不足时应进行补充。

(2) 当空调机制冷效果差、制冷速度变慢时,应该考虑制冷剂是否不足。

(3) 当空调无法制冷且压缩机能正常工作时,应检测空调制冷剂是否泄漏。

(4) 当制冷系统脏堵时,会造成管道堵塞进而影响制冷效果或出现不制冷的现象。

(5) 目前,R134a 制冷剂是 R12 制冷剂的替代品之一,其相关参数见表 4-4-1。

表 4-4-1

温度 (℃)	绝对压力 (MPa)	比容 (液体,L/kg)	比容 (蒸气,m³/kg)	焓 (液体,J/kg)	焓 (蒸气,J/kg)	汽化热 (J/kg)
-30	0.085	0.702	0.224	161.900	379.100	217.200
-20	0.133	0.736	0.146	174.200	385.300	211.100
-10	0.201	0.753	0.099	187.000	391.300	204.300
0	0.293	0.772	0.069	200.000	397.200	197.200
-10	0.415	0.793	0.049	213.400	402.900	189.500
20	0.572	0.816	0.036	227.300	408.300	181.000
30	0.770	0.842	0.026	241.500	413.500	172.000
40	1.016	0.871	0.020	256.200	418.300	162.100
50	1.318	0.906	0.015	271.500	422.500	151.000
60	1.681	0.949	0.011	287.400	426.000	138.600

二、计划与决策

请以小组为单位,根据任务要求确定所需要的工具,并对小组成员进行合理分工,制订详细的检查和维护计划。

(1) 需要使用的工具。

_____。

(2) 小组成员的分工。

_____。

(3) 检查和维护计划。

_____。

三、实施

1. 车辆防护

（1）车辆的型号为＿＿＿＿＿＿＿＿＿＿＿＿＿＿＿＿＿＿＿＿＿＿＿＿＿＿＿。

（2）铺设的车辆防护设备包括＿＿＿＿＿＿＿＿＿＿＿＿＿＿＿＿＿＿＿＿＿。

2. 制冷剂的回收

（1）做好安全准备工作后打开制冷剂回收器，制冷剂回收器如图 4－4－1 所示。制冷剂的回收流程为：①连接管路、插头等；②排气、排油；③抽真空、保压；④加注冷冻油、制冷剂；⑤清洗管路、关机；⑥收拾场地。

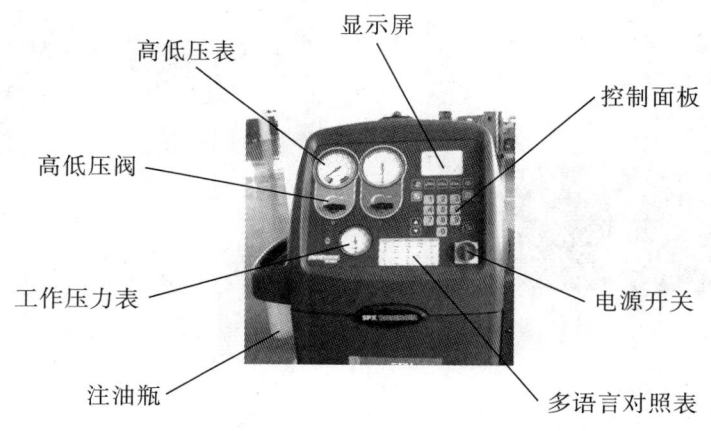

图 4－4－1

（2）制冷剂回收器的操作界面如图 4－4－2 所示。

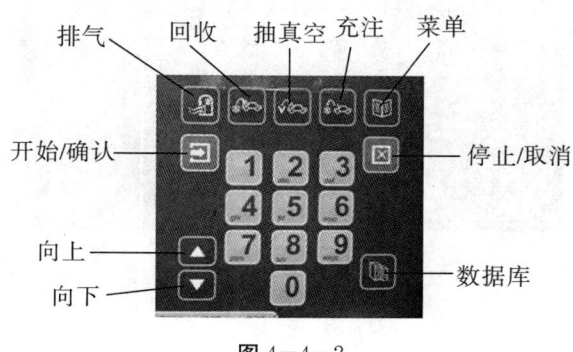

图 4－4－2

（3）制冷剂回收器的参数设置。打开电源开关，将回收前的罐重（图 4－4－3）记录在作业记录表中，注意工作罐质量不能超过罐体标称质量的 80%。启动制冷装置运行 3~5 min（图 4－4－4），按"回收"键进入回收程序（图 4－4－5），再设置制冷剂的回收量（图 4－4－6）。

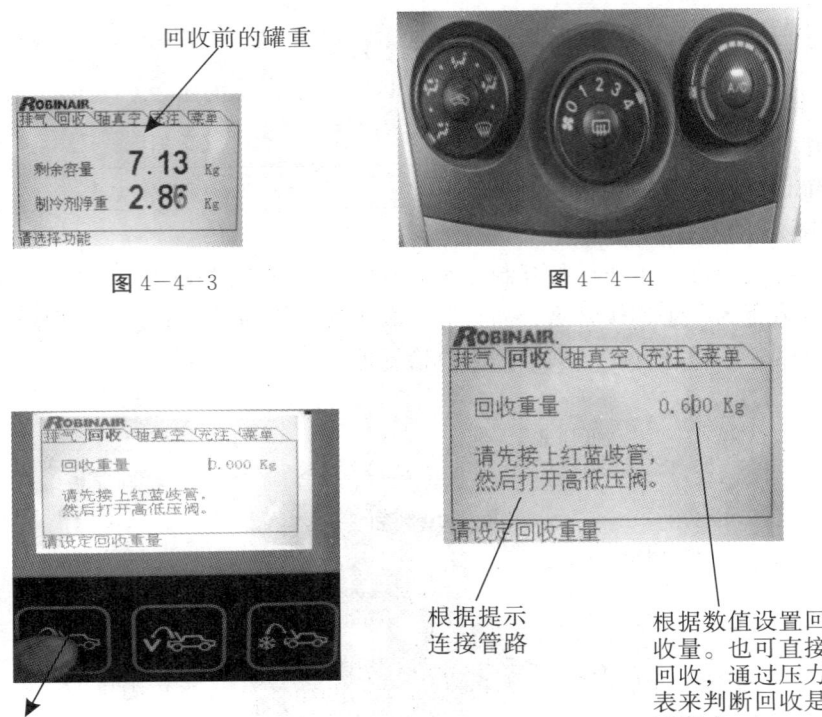

图4－4－3　　　　　　　　图4－4－4

图4－4－5　　　　　　　　图4－4－6

（4）将高、低压快速接头连接至制冷系统的维修阀口，如图4－4－7所示。

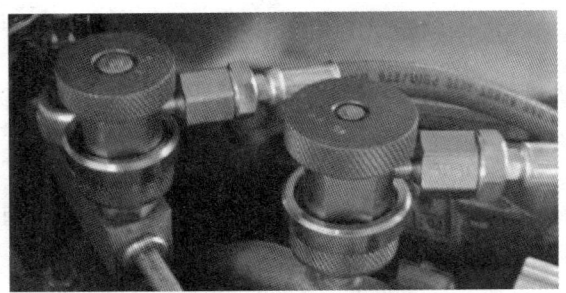

图4－4－7

小提示：

顺时针拧开高、低压开关时，速度应慢一些，防止冷冻机油被制冷剂带出。

（5）打开仪器上的高、低压阀。

（6）设备自动开始自清洁和回收制冷剂，如图4－4－8所示。

图 4-4-8

（7）在回收时，应不断观察压力表数值（图 4-4-9）。当压力为负压时，表明压缩机在抽真空，应及时按"取消"键停止回收，防止损坏回收机中的压缩机。

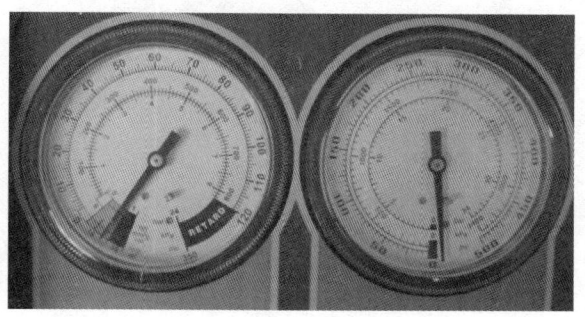

图 4-4-9

（8）回收结束后，显示屏显示已回收的制冷剂重量，同时仪器准备排放废油，如图 4-4-10 所示。

图 4-4-10

（9）排油瓶表面有刻度，查看排油瓶内的废油液面并记录，如图 4-4-11 所示。

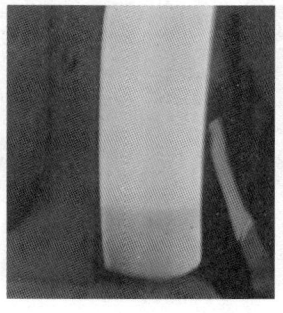

图 4-4-11

（10）待废油无气泡后，查看排油瓶液面记录、计算排油量。

（11）查看回收后工作罐的重量并记录，如图4-4-12所示。制冷剂回收量＝回收后的罐重－回收前的罐重。

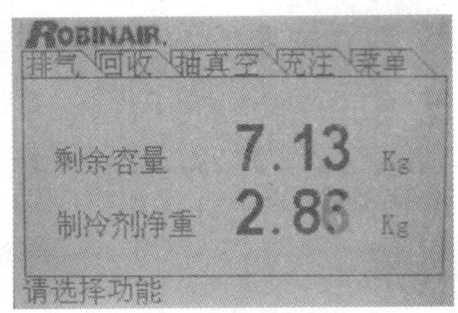

图4-4-12

（12）检测工作罐中的制冷剂纯度。

①单一制冷剂纯度低于96%时，应进行净化作业。

②单一制冷剂纯度高于96%时，不用净化。

3. 制冷剂净化（制冷剂自循环）

（1）选择对应菜单键，如图4-4-13所示。

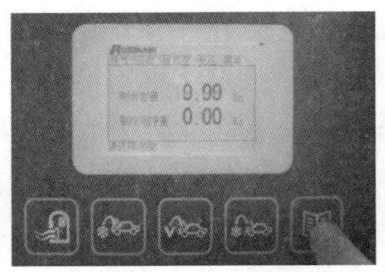

图4-4-13

（2）按数字键输入相应密码，按确认键进入菜单。

（3）选择制冷剂自循环并按确认键，如图4-4-14所示。

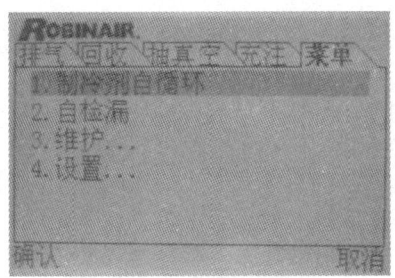

图4-4-14

4. 抽真空

（1）第一次抽真空可在排油后进行，设定抽真空时间，进行双管抽空。第二次抽真空在注油后进行，需要关闭高压阀、打开低压阀，进行单管抽真空。

（2）选择"抽真空"按键，如图 4-4-15 所示。

图 4-4-15

（3）设定抽真空时间，如图 4-4-16 所示。

（4）抽真空时，仪器同时进行制冷剂的循环，如图 4-4-17 所示。

图 4-4-16　　　　　　　　　　图 4-4-17

（5）抽真空完成后，系统提示是否保压，如图 4-4-18 所示。

（6）按确认键，仪器对系统进行泄漏检测。注意观察高、低压表查看是否泄漏，如图 4-4-19 所示。

 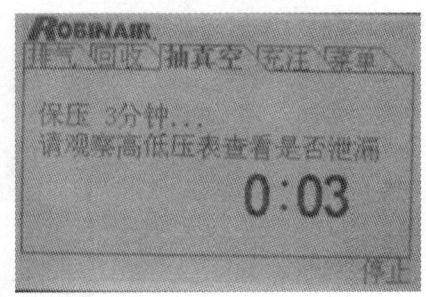

图 4-4-18　　　　　　　　　　图 4-4-19

5．加注冷冻机油

（1）保压结束后，准备加注冷冻机油（计算注油量，补充冷冻机油），如图 4-4-20 所示。

（2）采用单管注油，应关闭低压快速接头（防止冷冻机油进入压缩机）、打开高压阀，如图 4-4-21 所示。

(3) 注时必须一直关注注油瓶液位，防止注油过多，如图4-4-22所示。

(4) 注油结束后按取消键，退回初始界面，进行第二次抽真空，如图4-4-23所示。

图4-4-20

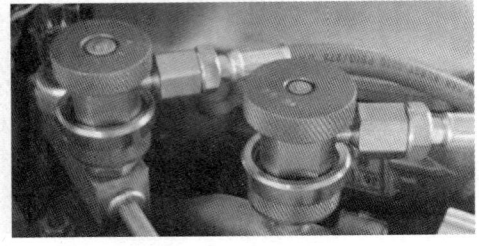
图4-4-21

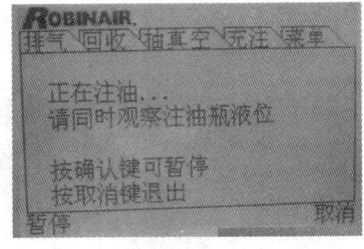
图4-4-22

图4-4-23

6. 制冷剂加注

(1) 按确认键，进入制冷剂充注界面，如图4-4-24所示。

(2) 进行单管加注，即关闭低压阀，打开高压阀。加注完成后，关闭快速接头，取下红、蓝管，准备进行管路清理，如图4-4-25所示。

(3) 管路清理完成，按确认键退出，如图4-4-26所示。

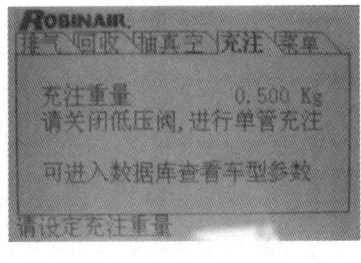
图4-4-24

图4-4-25

图4-4-26

7. 竣工检验

完成制冷剂加注作业后,还需要进行检验。在制冷装置处于工作状态时,用检漏设备检测加注阀处有无泄漏。制冷装置高、低压侧压力及空调出风口温度检测应根据汽车制造厂商的要求进行。

四、评价

1. 知识评价

（1）简述汽车空调的基本构造,并能指出元件的名称、位置。
（2）简述汽车空调制冷剂抽真空流程。
（3）简述空调制冷剂的加注流程。

2. 技能及素养评价

技能及素养评价见"附表4　学习任务四评价表"。

学习活动 5　评价总结

活动名称	评价总结	建议学时	4
活动描述	通过任务学习和实践考核,展示小组学习成果,包括小组总结、个人总结、自我评价、小组评价和教师评价		
学习目标	（1）能提炼成果,撰写小组总结报告。 （2）能撰写个人总结报告、实习报告。 （3）能制作总结 PPT。 （4）能上讲台进行总结汇报。 （5）能进行自评和互评,能对小组其他成员不足之处提出合理的建议		
关联知识 技能要点	（1）通过总结、提炼,进行学习成果的展示。 （2）总结报告的撰写。 （3）PPT 的制作。 （4）实习报告的撰写。 （5）汇报稿的撰写		
学习准备	计算机、多媒体、移动黑板及其他教学辅助设备		

评价总结活动记录单

一、小组学习成果展示

（1）本小组的学习成果主要体现在哪方面?

_____
_____

（2）其他小组的学习成果主要体现在哪方面?

_____
_____

二、小组总结

(1) 本小组的优点有哪些?

(2) 本小组的缺点有哪些?

三、个人总结

(1) 个人在小组中的作用主要体现在哪些方面?

(2) 个人在小组中存在的不足有哪些?

四、自我评价

请写出对自己的评价,并打分。

五、小组评价

请记录下小组其他成员对你的评价和打分。

六、教师评价

请记录下任课教师对你的评价和打分。

附表 4　学习任务四评价表

班　级：　　　　　姓　　名：　　　　　　　　　　学　号：

项　目	自我评价			小组评价			教师评价		
	9~10分	6~8分	1~5分	9~10分	6~8分	1~5分	9~10分	6~8分	1~5分
	占总评10%			占总评30%			占总评60%		
学习活动1									
学习活动2									
学习活动3									
学习活动4									
协作精神									
纪律观念									
表达能力									
工作态度									
安全意识									
工匠精神									
任务总体表现									
小　计									
总　评									

任课教师：　　　　　　　年　　月　　日

参考文献

朱军，汪胜国，王瑞君. 汽车维护实训教材 [M]. 2版. 北京：人民交通出版社，2017.
宦平. 技能成就梦想 [M]. 2版. 北京：中国劳动社会保障出版社，2019.
吴继坚. 汽车维护 [M]. 北京：中国劳动社会保障出版社，2012.
王正旭. 新车检查 [M]. 北京：中国劳动社会保障出版社，2012.